Communicating in French

Advanced Level

Conrad J. Schmitt

McGraw-Hill, Inc.

*New York   St. Louis   San Francisco   Auckland   Bogotá
Caracas   Hamburg   Lisbon   London   Madrid   Mexico   Milan
Montreal   New Delhi   Paris   San Juan   São Paulo
Singapore   Sydney   Tokyo   Toronto*

Sponsoring Editors: John Aliano, Meg Tobin
Production Supervisor: Denise Puryear
Editing Supervisors: Patty Andrews, Maureen Walker

Text Design and Composition: Literary Graphics
Cover Design: Merlin Communications and Amy E. Becker
Illustrations: Caliber, a division of Phoenix Color Corporation
Printer and Binder: R.R. Donnelley and Sons Company

Cover photographs courtesy of the French Government Tourist Office

Communicating in French   Advanced Level

1 2 3 4 5 6 7 8 9 10 11 12 13 14 15 DOC DOC 9 8 7 6 5 4 3 2 1 0

ISBN 0-07-056647-X

Library of Congress Cataloging-in-Publication Data
Schmitt, Conrad J.
    Communicating in French / Conrad J. Schmitt.
        p.   cm. — (Schaum's foreign language series)
    Contents: [Bk. 3] Advanced level.
    ISBN 0-07-056647-X(v. 3)
    1. French language — Conversation and phrase books — English.
    I. Title.   II. Series.
PC2129.E5S343   1991
448.2'421--dc20   90-5581
                                                                       CIP

About the Author

Conrad J. Schmitt

Mr. Schmitt was Editor-in-Chief of Foreign Language, ESL, and bilingual publishing with McGraw-Hill Book Company. Prior to joining McGraw-Hill, Mr. Schmitt taught languages at all levels of instruction, from elementary school through college. He has taught Spanish at Montclair State College, Upper Montclair, New Jersey; French at Upsala College, East Orange, New Jersey; and Methods of Teaching a Foreign Language at the Graduate School of Education, Rutgers University, New Brunswick, New Jersey. He also served as Coordinator of Foreign Languages for the Hackensack, New Jersey Public Schools. Mr. Schmitt is the author of *Schaum's Outline of Spanish Grammar*, *Schaum's Outline of Spanish Vocabulary*, *Español: Comencemos*, *Español: Sigamos*, and the *Let's Speak Spanish* and *A Cada Paso* series. He is the coauthor of *Español: A Descubrirlo*, *Español: A Sentirlo*, *La Fuente Hispana*, the McGraw-Hill Spanish: *Saludos*, *Amistades*, *Perspectivas*, *Le Français: Commençons*, *Le Français: Continuons*, the McGraw-Hill French: *Rencontres*, *Connaissances*, *Illuminations*, *Schaum's Outline of Italian Grammar*, *Schaum's Outline of Italian Vocabulary*, and *Schaum's Outline of German Vocabulary*. Mr. Schmitt has traveled extensively throughout France, Martinique, Guadeloupe, Haiti, North Africa, Spain, Mexico, the Caribbean, Central America, and South America. He presently devotes his full time to writing, lecturing, and teaching.

Preface

To the Student

The purpose of the series *Communicating in French* is to provide the learner with the language needed to survive in situations in which French must be used. The major focus of the series is to give the learner essential vocabulary needed to communicate in everyday life. The type of vocabulary found in this series is frequently not presented in basal textbooks. For this reason, many students of French are reduced to silence when they attempt to use the language to meet their everyday needs. The objective of this series is to overcome this frustrating problem and to enable the learner to express himself or herself in practical situations.

The series consists of three books, which take the learner from a novice or elementary level of proficiency to an advanced level. The first book in the series presents the vocabulary needed to survive at an elementary level of proficiency and is intended for the student who has not had a great deal of exposure to the French language. The second book takes each communicative topic and provides the student with the tools needed to communicate at an intermediate level of proficiency. The third book is intended for the student who has a good basic command of the language but needs the specific vocabulary to communicate at a high intermediate or advanced level of proficiency. Let us take the communicative topic "speaking on the telephone" as an example of the way the vocabulary is sequenced in the series. The first book enables the novice learner to make a telephone call and leave a message. The second book expands on this and gives the learner the tools needed to place different types of calls. The third book provides the vocabulary necessary to explain the various problems one encounters while telephoning and also enables the speaker to get the necessary assistance to rectify the problems.

Since each chapter focuses on a real-life situation, the answers to most exercises and activities are open-ended. The learner should feel free to respond to any exercise based on his or her personal situation. When doing the exercises, one should not focus on grammatical accuracy. The possibility of making an error should not inhibit the learner from responding in a way that is, in fact, comprehensible to any native speaker of the language. If a person wishes to perfect his or her knowledge of grammar or structure, he or she should consult *Schaum's Outline of French Grammar, 3/ed.*

In case the student wishes to use this series as a reference tool, an Appendix appears at the end of each book. The Appendix contains an English-French vocabulary list that relates to each communicative topic presented in the book. These topical lists are cumulative. The list in the third book contains all the words in the first, second, and third books that are related to the topic.

In each lesson, the section entitled **Situations** sets up hypothetical situations the learner may encounter while attempting to survive in a French-speaking milieu. In carrying out the instructions in these activities, the student should react using any French he or she knows. Again, the student should not be inhibited by fear of making an error. These activities require the use of vocabulary presented in all three books in this series.

The section entitled **Coup d'œil sur la vie** gives the learner the opportunity to see and read realia and articles that come from all areas of the French-speaking world. The intent of this section is to give the learner exposure to the types of material that one must read on a daily basis. It is hoped that the learner will build up the confidence to take an educated guess at what "real things" are all about without necessarily understanding every word. Communicating in the real world very often involves getting the main idea rather than comprehending every word.

To the Instructor

The series *Communicating in French* can be used as a self-instruction tool or as a supplement to any basal text. The first book is intended for novice to low intermediate speakers according to the ACTFL Guidelines. The second book provides the type of vocabulary needed to progress from a low to high intermediate level of proficiency, and the third book, from the high intermediate to the advanced level.

The series is developed to give students the lexicon they need to communicate their needs in real-life situations. It is recommended that students be permitted to respond to the exercises and activities freely without undue emphasis on syntactical accuracy.

Conrad J. Schmitt

Contents

Communicative Topics

Social Situations: Saying the Right Thing

Communicative
Topics

Chapitre 1

Le téléphone

Vocabulaire

Le téléphone est *hors de service (en panne).*   *out of order*
Il n'y a pas de *tonalité.*   *dial tone*

La ligne n'est pas libre.
La ligne est *occupée.*   *busy*
On parle.
Ça sonne occupé.   *There's a busy signal.*

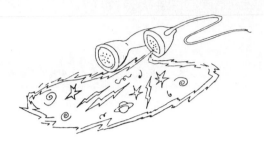

| J'entends mal. | We have a bad connection. |
| Il y a beaucoup de *parasites* sur la ligne. | *static* |

On nous *a coupés*.   *cut off, disconnected*

J'ai le *mauvais numéro*.   *wrong number*
C'est une erreur.

Personne n'est là.
Il n'y a pas de réponse.

Exercice 1   Choose the correct completion to each of the following mini-conversations.

1. Je crois que ce téléphone est en panne.
   a. Pourquoi? Ça sonne occupé?
   b. Pourquoi? On t'a coupé(e)?
   c. Pourquoi? Il n'y a pas de tonalité?
2. Robert parle.
   a. La ligne est occupée?
   b. Il n'y a pas de réponse?
   c. On t'a coupé(e)?
3. J'ai le mauvais numéro.
   a. Tu entends mal?
   b. Tu veux l'annuaire?
   c. Tu n'es pas l'abonné(e)?

4. Dis-moi. C'est comme ça que ça sonne quand c'est occupé?
   a. Oui. Le téléphone sonne.
   b. Oui, décroche.
   c. Oui, on parle sur la ligne.
5. Il n'y a pas de réponse.
   a. On parle alors sur la ligne.
   b. Il n'y a personne.
   c. C'est de la part de qui?

Communication

Un problème avec le téléphone

CLIENT   Madame, je n'arrive pas à avoir le 42 71 80 04.
OPÉRATRICE   Oui, Monsieur. Quel est le problème?
CLIENT   On nous a coupés, je crois.
OPÉRATRICE   Je suis désolée, Monsieur. Ne quittez pas. Je vous remets en ligne.

Exercice 2   Answer the questions based on the preceding conversation.

1. Monsieur parle à qui?
2. Il a eu un problème?
3. Quel problème?
4. Il téléphone à quel numéro?
5. Est-ce que l'opératrice le remettra en contact?

Une ligne occupée

CLAUDINE   Qu'est-ce qui se passe, Robert?
ROBERT   Ecoute, Claudine. On dirait que ça sonne occupé.
CLAUDINE   C'est une tonalité très rapide?
ROBERT   Oui, je crois.
CLAUDINE   Passe-moi le combiné. Oui, c'est ça. La ligne est occupée.
ROBERT   Raccroche alors. J'essaierai plus tard.

Exercice 3   Answer the questions based on the preceding conversation.

1. Qui fait un coup de fil?
2. Qu'est-ce qu'il ne reconnaît pas?
3. C'est une tonalité rapide?
4. Qu'est-ce que cette tonalité indique?

Un mauvais numéro

YVETTE   Allô.
JOSEPH   Catherine est là, s'il vous plait?
YVETTE   Catherine?
JOSEPH   Oui, Catherine Dumas.
YVETTE   Ah, Monsieur. C'est une erreur. Vous devez avoir
          un mauvais numéro.
JOSEPH   Ah, excusez-moi, Madame.

Exercice 4   Answer the questions based on the preceding conversation.

1. Joseph veut parler à qui?
2. Catherine répond au téléphone?
3. Quelqu'un d'autre répond?
4. Catherine est là?
5. Elle n'est pas là? Pourquoi?

SITUATIONS

Activité 1

You have rented a studio in the Latin Quarter while you are doing a year's study at the Sorbonne.

1. When you pick up the receiver of the telephone in your apartment, you cannot get a dial tone. The telephone must be out of order. Call the telephone company **(les PTT)** and report the problem.
2. You just called someone and got a wrong number. Apologize.
3. You just received a call and the person evidently has the wrong number. Tell him.
4. You were on a long-distance call to home and you had a lot of static. Call the operator and tell her what happened. Ask her to please reconnect you. Tell her you do not want to be charged for the original call.

COUP D'ŒIL SUR LA VIE

Activité 1

Read the following instructions for telephoning from France abroad.

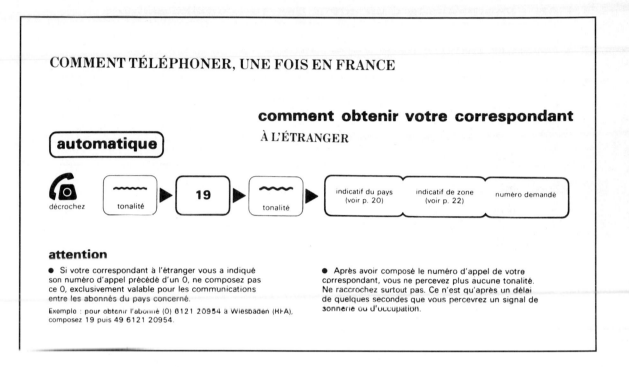

Answer the questions based on the instructions you just read.
1. En faisant un appel à l'étranger en automatique, il y aura combien de tonalités?
2. Quels sont les indicatifs qu'il faut faire (composer)?
3. L'indicatif des Etats-Unis à composer après le 19 c'est le 1. Si vous voudriez téléphoner chez vous, qu'est-ce qu'il faudrait composer?
4. Pourquoi ne devez-vous pas composer le 0?
5. Après avoir composé le numéro de votre correspondant, c'est-à-dire le numéro demandé, qu'est-ce qu'il y aura avant de percevoir un signal de sonnerie ou d'occupation?

Activité 2

Read the following instructions for telephoning in France.

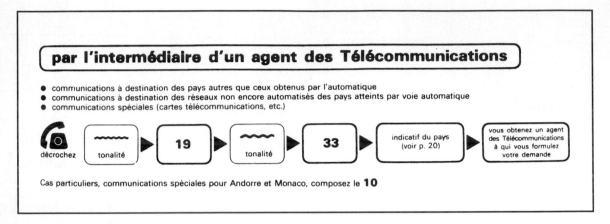

Do the following based on the information you just read.

> Expliquez quand il faut téléphoner ou faire un appel par l'intermédiaire
> d'un agent des Télécommunications.

Give the French equivalent for each of the following based on the information you just read.
1. to get your party
2. area code
3. desired number
4. a several-second delay
5. ringing
6. other than
7. lines not yet automated
8. you make your request

Chapitre 2

La banque

Vocabulaire

Les finances

Je veux acheter une télévision en couleurs.
Je ne veux pas payer *comptant*.   *all at once, cash*
Je vais l'acheter *à crédit*.   *in installments, on time*
Je vais faire des *versements échelonnés* sur trois années.   *installment payments*
Je vais payer (faire) un *acompte* (des *arrhes*) de 20 pour cent.   *down payment*
Et ensuite je vais faire des versements mensuels.
Je vais verser 300 francs d'arrhes et payer le *solde* en   *balance*
   versements *trimestriels*.   *quarterly*

Exercice 1   Match each word or expression in the first column with its definition in the second column.

1. _____ payer comptant
2. _____ le versement mensuel
3. _____ la vente à crédit
4. _____ l'acompte

a. un système qui permet au client de faire un achat et de le payer en versements échelonnés
b. un pourcentage du montant (prix total) qu'on paie tout de suite, le paiement initial
c. la somme qu'on paie chaque mois
d. payer le montant (le prix total) en liquide ou avec un chèque

Read the following:

Je voudrais acheter une voiture.
Je vais *faire un emprunt*.   *take out a loan*
Le *taux d'intérêt* est de 18 pour cent.   *interest rate*
La *date d'échéance* de chaque versement (paiement) *due date*
    est le quinze du mois.

Les Gaudin vont acheter une maison.
Ils ont besoin d'une *hypothèque*.   *mortgage*

Exercice 2   Answer the following questions.

1. Pourquoi M. Mendès veut-il faire un emprunt? Qu'est-ce qu'il pense acheter?
2. Quel est le taux d'intérêt?
3. Quelle sera la date d'échéance de chaque versement de l'emprunt?
4. Est-ce qu'il faudra faire (payer) un acompte?
5. Qu'est-ce qu'un acompte?
6. Les Gaudin ont besoin d'une hypothèque. Pourquoi ça?
7. Qu'est-ce qu'une hypothèque?
8. Qu'est-ce que vous pensez? Le versement de libération, c'est le premier ou le dernier paiement de l'hypothèque?

Communication

A la banque

Banquier	Oui, Monsieur.
Client	Je voudrais faire un emprunt. J'ai ici le formulaire.
Banquier	Oui, Monsieur. Et pourquoi voulez-vous cet emprunt?
Client	Je voudrais acheter une voiture.
Banquier	Et vous pensez payer un acompte de combien?
Client	Le prix total de la voiture est à peu près dix mille dollars canadiens et je peux verser un acompte de deux mille (je veux verser deux mille d'arrhes).
Banquier	En ce cas vous voulez un emprunt de huit mille dollars. Vous avez un compte à notre banque?
Client	Oui, j'ai un compte d'épargne et un compte-chèques.
Banquier	Alors je ne prévois aucun problème. Vous savez que le taux d'intérêt actuel est de 18 pour cent?
Client	Oui.
Banquier	Et la date d'échéance de chaque versement sera le quinze du mois pour une période d'amortissement de trois ans.
Client	D'accord.

Exercice 3   Complete the statements based on the preceding conversation.

1. M. Colasse parle au _____.
2. Il demande un emprunt car il _____.
3. Il ne veut pas payer _____.
4. M. Colasse pense payer un acompte _____.
5. A cette banque M. Colasse a _____.
6. Actuellement le taux d'intérêt _____.
7. M. Colasse devra faire un versement le _____.
8. Il lui faudra faire des versements pendant _____.
9. Ainsi le versement final (de libération) sera dans _____.

Exercice 4   Answer personally.

1. Avez-vous jamais demandé un emprunt?
2. Pourquoi?
3. Quel était (ou est) le taux d'intérêt?
4. L'emprunt était (est) pour quelle période d'amortissement?
5. Quelle est la date d'échéance de chaque versement?
6. Quelle est la date du versement de libération?

Exercice 5   Give the French equivalent for each of the following expressions.

1. to take out a loan
2. to fill out an application
3. the present interest rate
4. a down payment of 20 percent
5. a period of ten years
6. the due date of the payment
7. the final mortgage payment

SITUATIONS

Activité 1

You are spending the summer with a family in Aix-en-Provence. You tell them that upon returning home you have to buy yourself a car, probably a used one **(d'occasion).**
1. They want to know if you will pay cash for the car. Tell them.
2. They want to know how much an average car costs in the United States. Tell them.
3. They want to know if you can take out a loan for a car. Tell them.
4. They want to know what the present interest rate (more or less) is for a personal loan. Tell them.
5. Now you want to know something about the buying habits of the French. Ask them whether people in France buy things on the installment plan or if they tend to pay cash in one lump sum.

Activité 2

Make up a conversation between yourself and a banker. You are applying for a student loan for next year.

COUP D'ŒIL SUR LA VIE

Activité 1

Read the following advertisement, which appeared in a Paris newspaper.

MIEUX QU'UN COMPTE-CHEQUES:
LA CONVENTION MULTILION.

Au Crédit Lyonnais, il est possible de brûler les étapes. C'est particulièrement attractif pour les jeunes qui, pour la première fois, font connaissance avec une banque. Là, tout est simple et va vite. Non seulement le Crédit Lyonnais vous ouvre un compte dans des conditions on ne peut plus faciles, mais en plus notre ami le lion se met en quatre immédiatement pour vous, et vous offre tout de suite 4 produits bancaires que vous pouviez croire réservés à des privilégiés.

LION Nº 1
Tout de suite
un chéquier

LION Nº 2
Tout de suite
un découvert possible
grâce à un Contrat
Sécurité

LION Nº 3
Tout de suite
une Carte Bleue

LION Nº 4
Tout de suite
des possibilités d'épargne
qui rapportent sans jamais
immobiliser votre argent

Au Crédit Lyonnais, on ne remet pas à plus tard les avantages de la banque d'aujourd'hui.

CREDIT LYONNAIS
LE PARTENAIRE DE VOTRE AVENIR

Choose the correct completion based on the bank advertisement you just read.
  1. Le Crédit Lyonnais est _____.
      a. une carte de crédit
      b. une société bancaire française
      c. un compte-chèques
  2. Un chéquier est _____.
      a. une carte de crédit
      b. un compte en banque
      c. un carnet qui contient des chèques
  3. Cette annonce s'adresse aux _____.
      a. riches
      b. gens d'un certain âge
      c. jeunes
  4. Un découvert est _____.
      a. quelque chose de nouveau
      b. un prêt à court terme que quelques banques offrent à leurs clients ou titulaires
         d'un compte
      c. un contrat entre la banque et le titulaire d'un compte-chèques
  5. La Carte Bleue est _____.
      a. un compte-courant
      b. une police d'assurance
      c. une carte de crédit comme Visa

Reread the advertisement and find equivalent expressions for the italicized elements in
each sentence.
  1. Même si vous êtes étudiant(e), il est possible de *faire des progrès rapides sans beaucoup de
     formalités ni chinoiseries administratives.*
  2. La banque vous offre des conditions *très faciles à remplir.*
  3. Ce n'est pas réservé *aux riches ou aux gens aisés.*
  4. La banque est le partenaire de *votre futur.*

The following expressions appear in the advertisement. Choose the correct French
equivalent for each expression.
  1. *She doesn't want to tie up her money.*
      a. Elle ne veut pas investir son argent.
      b. Elle ne veut pas épargner son argent.
      c. Elle ne veut pas immobiliser son argent.
  2. *The account yields immediate benefits.*
      a. Ce compte découvre des bénéfices immédiats.
      b. Ce compte rapporte des bénéfices immédiats.
      c. Ce compte se met en quatre.
  3. *She doesn't want to put it off until later.*
      a. Elle ne veut pas l'annuler.
      b. Elle ne veut pas le remettre à plus tard.
      c. Elle ne veut pas l'immobiliser.

Activité 2

Read the following excerpt from a brochure describing a trip through an area of French-speaking Canada. Note the extensive financial vocabulary in this advertisement.

Give the following information based on the advertisement you just read.
1. number of nights possible
2. minimum price
3. means of transportation
4. type of dinner
5. two items not included in the all-inclusive price.

Answer the following questions based on the advertisement you just read.
1. Il faut envoyer un acompte de combien de dollars canadiens?
2. L'acompte est remboursable?
3. Quand faut-il effectuer le paiement final?
4. En cas d'annulation, qu'est-ce qu'il y a?

Give the French equivalent for each of the following.
1. round-trip transportation from airport or train station
2. baggage handling
3. lodging
4. entrance fees
5. unless otherwise indicated
6. included

Forfaits 5 ou 7 nuits *À partir de 545$*

Cette année, venez faire le tour de l'Île en autocar climatisé. Cette visite guidée comprend les attractions les plus populaires, un des célèbres soupers au homard et une visite au Centre des arts de la Confédération. Réservez dès maintenant!

Ce forfait comprend:
- transport aller-retour de l'aéroport ou de la gare
- manutention des bagages
- hébergement pour 3 ou 5 nuits à Charlottetown
- hébergement pour 2 nuits au Mill River Resort
- autocar climatisé
- souper au homard traditionnel à New Glasgow
- entrée pour toutes les attractions
- service d'un représentant d'Island Tours durant votre séjour dans l'Île
- service d'un guide
- audio-cassette souvenir *(Capture the Spirit)*
- taxe et pourboires

Prix[*]	Quadruple	Triple	Double	Simple
7 nuits	615$	665$	770$	1112$
5 nuits	545$	575$	650$	899$

Dates
7 jours: 1er, 15, 29 juillet; 12, 19, 26 août
5 jours: 2, 16, 30 juillet; 12, 20, 27 août

Conditions
Acompte non remboursable de 50$ au moment de réserver. Paiement final 42 jours avant la date du départ. Amende en cas d'annulation. Sauf indication contraire, les repas ne sont pas compris et les dépenses personnelles non plus.
[*]Enfants: 365$ par forfait

Island Tours/Travel
Confederation Court Mall
Case postale 2860
Charlottetown (Î.-P.-É.) C1A 8C4
Tél.: 902/566-3662

Renseignez-vous sur les autres forfaits d'Island Tours

Chapitre 3

Un voyage en avion

Vocabulaire

A l'aéroport

le retard

| JB 401 | Barcelone | 15:10 | 15:50 | EN RETARD |
| AF 756 | Rome | 15:45 | | ANNULE |

annuler le vol

PORTE 2

manquer l'avion

Read the following:

L'avion est arrivé en retard.
Il est arrivé avec un retard d'une heure vingt (minutes).

Le vol n'est pas complet.
Il y a des places libres.

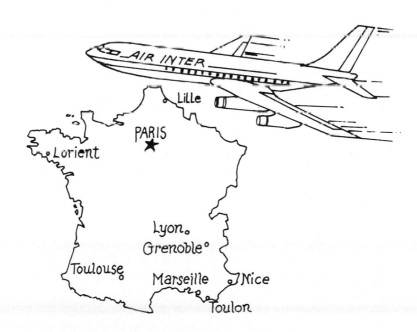

Air Inter dessert toutes les villes
importantes de la France.

Exercice 1   Complete the following statements.

1. L'avion est parti avant mon arrivée à l'aéroport. J'ai _____ l'avion.
2. Le prochain vol? Il n'est pas encore parti et il ne partira pas. On a _____ le vol car il y avait un problème technique.
3. Sur le vol qui part à midi, il n'y a aucune place libre. Malheureusement le vol est _____.
4. J'ai pris le dernier vol de la journée et il est arrivé avec un retard de deux heures. Le _____ était dû au mauvais temps.
5. Air Inter a beaucoup de vols intérieurs. Air Inter _____ presque toutes les villes françaises.

Exercice 2   In your own words, express the problem the passenger in the preceding exercise had.

Communication

On manque le vol

PASSAGER	Pardon, Monsieur. Mais le vol pour Nice, il est parti?
AGENT	Oui, Monsieur. Ce vol est parti à l'heure—à dix-neuf heures vingt.
PASSAGER	Zut! J'ai manqué (raté) le vol parce qu'il y avait un embouteillage juste avant Orly. Le prochain vol pour Nice part à quelle heure, s'il vous plaît?
AGENT	Ah. C'était notre dernier vol de la journée, mais je crois qu'Air Inter a un vol qui part plus tard. *(Il le vérifie dans l'ordinateur.)* Oui, Air Inter a un vol qui part à vingt-deux heures.
PASSAGER	Très bien. Vous pouvez me dire s'il y a des places libres?
AGENT	Oui, il y en a.
PASSAGER	Et Air Inter a le même tarif qu'Air France, n'est-ce pas?
AGENT	Oui, à moins que vous n'ayez un billet excursion (à prix réduit).
PASSAGER	Non, non. J'ai payé le tarif normal.
AGENT	Alors il n'y aura pas de problème. Vous pouvez vous présenter au comptoir d'Air Inter et on acceptera le billet que vous avez.
PASSAGER	Merci.
AGENT	Je vous en prie.

Exercice 3 Answer the questions based on the preceding conversation.

1. Le vol pour Nice est parti à quelle heure?
2. Il est parti à l'heure ou en retard?
3. M. Legrand a manqué le vol. Pourquoi?
4. Il y a plus de vols aujourd'hui?
5. Quelle ligne a un autre vol à destination de Nice?
6. Il part à quelle heure?
7. Il est complet?
8. Est-ce que les deux lignes offrent le même tarif?
9. M. Legrand a un billet excursion?
10. Où peut-il se présenter?

Exercice 4 Make up a sentence using each of the following words or expressions.

1. desservir
2. manquer le vol
3. le tarif
4. un billet excursion
5. libre
6. complet

Vocabulaire

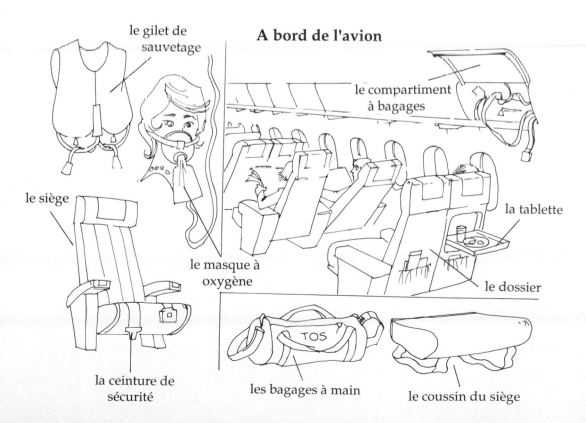

le gilet de sauvetage

A bord de l'avion

le compartiment à bagages

le siège

la tablette

le masque à oxygène

le dossier

la ceinture de sécurité

les bagages à main

le coussin du siège

Exercice 5 Identify each of the following items.

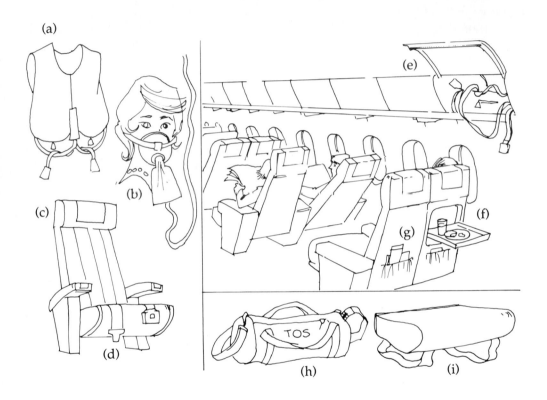

Communication

L'annonce à bord de l'avion

Le commandant Benoît et son équipage vous souhaitent la bienvenue
à bord de ce Boeing 747 à destination de Paris Charles de Gaulle. La
durée du vol est de six heures cinquante-cinq minutes. Les hôtesses
et les stewards vont vous faire la démonstration des masques à
oxygène et des gilets de sauvetage.

Pendant le décollage et l'atterrissage, tous les bagages à main
doivent être placés sous le siège ou dans le compartiment à bagages
au dessus de votre siège. On doit redresser le dossier du siège en
position verticale et remonter la tablette.

En cas de dépressurisation en cabine, le masque à oxygène tombe
automatiquement. En cas d'amerrissage, les gilets de sauvetage se
trouvent sous votre siège et ne doivent être gonflés que sur l'ordre
de l'équipage.

Veuillez respecter le signal lumineux et rester assis avec vos
ceintures attachées pendant le décollage et l'atterrissage. Vous êtes
priés de ne pas fumer dans les toilettes et dans les couloirs.

Exercice 6   Tell if the statements are true or false based on the preceding safety
information. You may wish to correct any false information.

1. Tous les passagers doivent rester debout dans les couloirs de l'avion pendant le
décollage et l'atterrissage.
2. On doit mettre le masque à oxygène pendant le décollage et l'atterrissage.
3. En cas de dépressurisation en cabine, le gilet de sauvetage tombe automatiquement.
4. Les passagers peuvent garder leurs bagages à main sur les genoux pendant le décollage
et l'atterrissage.
5. Le dossier du siège doit être placé en position verticale pendant la durée du vol.

Exercice 7   Complete the following statements.

1. Le commandant _____.
2. La durée du vol New York à Paris est _____.
3. Le nom de l'aéroport à Paris est _____.
4. Pendant le décollage on doit redresser _____.
5. Et on doit remonter _____.
6. On doit respecter _____.

SITUATIONS

Activité 1

You just arrived at de Gaulle Airport in Paris.
1. It is posted on the monitor that your flight to Rome is delayed. Ask an airline agent why.
2. There is no new departure time posted. You want to know how long the delay will be. Ask the agent.
3. Ask the same agent if there is any other flight you can take to Rome.
4. Ask him what time it leaves and if the fare is the same.
5. You want to know whether the flight leaves from the same terminal or if you have to go to a different one.
6. You would also like to know if this flight makes a stop **(une escale).** Ask the agent.

Activité 2

These days all airlines are extremely concerned about terrorism. Read the following advice that is given to passengers on board many airlines.

> Cher passager,
>
> En relation avec les prescriptions gouvernementales et dans l'intérêt de votre propre sécurité, nous vous prions d'observer les points suivants:
>
> 1. Au cas où une personne quelconque vous aurait confié des objets ou des bagages en vue de leur transport, veuillez en informer le personnel de ce guichet.
>
> 2. Après l'enregistrement n'acceptez aucun objet ou bagage de que ce soit.
>
> 3. Nous vous recommandons de surveiller sans cesse vos bagages jusqu'à l'enregistrement et de faire attention à vos bagages à main jusqu'à ce que vous soyez dans l'avion.
>
> Nous vous remercions de votre compréhension et de votre obligeante coopération.

In your own words, retell the information to an English-speaking friend.

COUP D'ŒIL SUR LA VIE

Activité 1

Read the following instructions concerning customs upon arrival to JFK Airport in New York.

Formalités de douane à l'aéroport John F. Kennedy New York

GUICHETS D'INSPECTION ROUGES OU VERTS

Près de l'endroit où vous retirerez vos bagages vous remarquerez des panneaux en qui signifient:

APRÈS LE RETRAIT DE VOS BAGAGES, CHOISISSEZ UN GUICHET D'INSPECTION ROUGE OU VERT EN FONCTION DES CRITÈRES SUIVANTS:

Rouge — Vous habitez aux USA et vous avez acheté à l'étranger des articles d'une valeur de plus de $ USA 400.00

Vous êtes en visite aux USA et vous y apportez des cadeaux et autres articles d'une valeur de plus de $ USA 100.00 Vous transportez plus d'un litre d'alcool

ou

Rouge — Vous transportez plus de $ USA 10 000.00 en espèces ou en devises

ou

Rouge — Vous transportez des fruits, des légumes, des plantes, des fleurs, des oiseaux vivants ou de la viande, ou vous avez séjourné récemment dans une ferme

ou

Rouge — Vous avez dans vos bagages des articles commerciaux, des collections d'échantillons, des documents, vous importez temporairement certains articles, vous êtes messager

ou

Rouge — Vous avez des questions relatives à la douane, à l'agriculture ou à des domaines voisins

Vert — Tous les autres passagers

LES FAUSSES DÉCLARATIONS SONT PUNISSABLES SELON LA LÉGISLATION AMÉRICAINE
LE SERVICE DE DOUANE DES ÉTATS-UNIS VOUS REMERCIE DE VOTRE COOPÉRATION

Afin d'accélérer les formalités, le service de douane des USA se réserve le droit de les effectuer directement lors du retrait des bagages. Les passagers ayant terminé les formalités seront guidés vers une sortie spéciale.

PASSAGERS EN TRANSIT

Les passagers continuant leur voyage par un autre vol pour une destination à l'intérieur ou à l'extérieur des USA sont priés de retirer leurs bagages enregistrés et de se soumettre au contrôle douanier (comme décrit ci-dessus) à l'arrivée à l'aéroport John F. Kennedy. Notre personnel au sol vous fournira volontiers tout renseignement complémentaire.

Answer the questions based on the information you just read.
1. Qu'est-ce que vous trouverez près de l'endroit où vous retirez vos bagages?
2. Si vous n'avez rien à déclarer, quel guichet vous intéressera?
3. A ce moment on peut dépenser à l'étranger combien d'argent pour des articles et des cadeaux sans les déclarer?
4. Et on peut entrer dans le pays avec un maximum de combien d'argent en espèces ou en devises?
5. De temps en temps que fait le service de douane pour accélérer les formalités?

Make a list of articles you must declare at U.S. customs.

Chapitre 4

La station-service

Vocabulaire

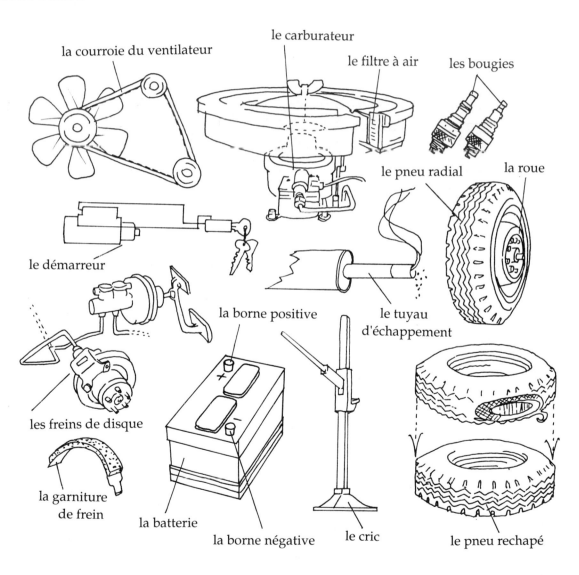

la courroie du ventilateur

le carburateur

le filtre à air

les bougies

le pneu radial

la roue

le démarreur

le tuyau d'échappement

la borne positive

les freins de disque

la garniture de frein

la batterie

la borne négative

le cric

le pneu rechapé

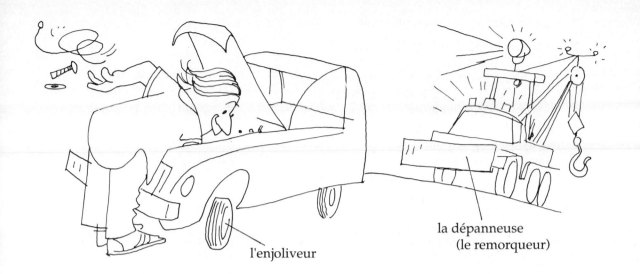

l'enjoliveur

la dépanneuse
(le remorqueur)

La voiture *est tombée en panne*.	*broke down*
Elle *a calé*.	*stalled*
Elle ne *démarre* pas.	*start*
Je ne peux pas la mettre en marche.	
On va *remorquer* la voiture.	*tow*
La *dépanneuse* (Le *remorqueur*) vient.	*tow truck*

Read the following:

Le moteur *chauffe*.	*overheats*
Le moteur *a des ratés*.	*misfires*
Le moteur tourne mal.	
Le moteur *cogne*.	*knocks*
La batterie est *déchargée*.	*dead*
Il y a une fuite d'huile.	
Les freins sont *usés*.	*worn*
La voiture ne *tient* pas *la route*.	*hold the road*
Le mécanicien fait des réparations.	
Il fait un *réglage* du moteur.	*tune-up*
Il fait un réglage de l'*allumage*.	*timing*
Il *redresse* les freins.	*relines*
Il remplace les freins.	
Il recharge la batterie.	
Il fait un *pincement des roues*.	*alignment*

NOTE   Le moteur «tourne». La voiture «roule».

Exercice 1   Complete the following statements.

1. Le radiateur perd de l'eau. Il y a une _____.
2. L'hiver arrive. Il faut mettre de l'antigel dans _____.
3. Le moteur chauffe. Je vais vérifier la courroie _____.
4. Le moteur a des ratés. Je dois vérifier le _____.
5. La voiture a calé et elle ne _____ pas.
6. J'ai essayé trois fois de la _____.
7. Je vais téléphoner pour que _____ vienne.
8. Il faudra sans doute la _____ au garage si elle ne démarre pas.
9. La voiture ne tient pas la route. Elle flotte. Le pompiste doit vérifier la pression _____.
10. Il a gonflé les pneus mais la voiture continue à flotter. Il faut faire un _____.
11. Le moteur cogne. Il faut sans doute changer les _____.
12. Il y a un bruit quand je mets les freins (je freine). Je crois que les _____ de frein sont _____.
13. Je sais pourquoi la voiture ne démarre pas. C'est très simple. La batterie est _____.
14. Le moteur a des ratés et cogne. Il a besoin d'un _____.
15. Ce moteur consomme trop d'huile. Tu vois la fumée noire qui s'échappe du _____.
16. Tu me demandes si ce tacot (*old junk*) a des pneus à carcasse radiale. Il a de vieux pneus _____.

Exercice 2   Give someone the following information in your own words in French.

1. Your car is overheating. You think there must be a leak in the radiator or else the fan belt is broken.
2. You probably need a relining of the brakes, because every time you put on the brakes there is a noise. You hope you do not need new discs.
3. Your engine keeps knocking even though you are using super unleaded gas. You should have your spark plugs checked.
4. You have a dead battery and you hope they can recharge it because you do not want to buy a new one.
5. You hear a noise and you think it is coming from your tail pipe, which is probably loose **(desseré).**
6. You think there is something wrong with the electric starter on your car because every morning you have trouble getting the car started.

SITUATIONS

Activité 1

You are driving through France and unfortunately your car breaks down.
1. You are sure your car has to be towed. Call for a tow truck.
2. The tow truck arrives. The driver is a mechanic. He wants to know what happened. Explain that the car stalled and that it will not start.
3. Ask him how much it will cost to tow the car to the garage.
4. He asks you if you have insurance. Tell him.

Activité 2

You are driving a rental car through France and you have a flat tire. Call the rental agency.
1. Tell them what happened.
2. They ask you if you know how to change a tire. Answer them.
3. Explain to them that the situation is very complicated. Not only do you have a flat tire but you opened the trunk and the spare tire is also flat. No one checked it out before you left the agency. Tell them where you are.

COUP D'ŒIL SUR LA VIE

Activité 1

Read this notice, which you might find in a car you buy or rent in France. Then answer the questions based on the notice.
1. De quoi ce véhicule est-il équipé?
2. Qu'est-ce qui se passe après le démarrage?
3. Qu'est-ce qu'on ressent quand l'antiblocage fonctionne?
4. Qu'est-ce qu'on doit consulter pour plus de renseignements?

In your own words, tell what this notice is about.

AVIS IMPORTANT
À L'INTENTION DU CLIENT

CE VÉHICULE EST ÉQUIPÉ DU FREINAGE ANTIBLOCAGE. IMMÉDIATEMENT APRÈS LE DÉMARRAGE DU MOTEUR, IL EST NORMAL QUE LE TÉMOIN JAUNE « CHECK ANTILOCK » ET LE TÉMOIN ROUGE « BRAKE » RESTENT ALLUMÉS JUSQU'À 60 SECONDES. CE DÉLAI PERMET LA MISE EN PRESSION OPTIMALE DU CIRCUIT ET L'AUTOCONTRÔLE DE L'ORDINATEUR. QUAND L'ANTIBLOCAGE FONCTIONNE, IL EST NORMAL DE RESSENTIR SOUS LE PIED LES PULSATIONS DE LA PÉDALE DE FREIN. C'EST LÀ UNE INDICATION DU BON FONCTIONNEMENT DE L'ANTIBLOCAGE. POUR PLUS DE RENSEIGNEMENTS, CONSULTER LE GUIDE DU PROPRIÉTAIRE.

Activité 2

Read the following description.

```
DÉMARRAGE DU
MOTEUR EFI

CE VÉHICULE EST ÉQUIPÉ D'UN MOTEUR À INJECTION
ÉLECTRONIQUE. POUR UN DÉMARRAGE SÛR, TOURNER LA CLÉ DE
CONTACT POUR LANCER LE DÉMARREUR SANS ENFONCER
L'ACCÉLÉRATEUR.

NE PAS "POMPER"
L'ACCÉLÉRATEUR DURANT LE
DÉMARRAGE
```

Give the French equivalent for each of the following based on the description you just read.
1. an electric fuel injection engine
2. proper starting
3. ignition key
4. starter
5. without pressing down on (depressing)

Chapitre 5

La conduite

Vocabulaire

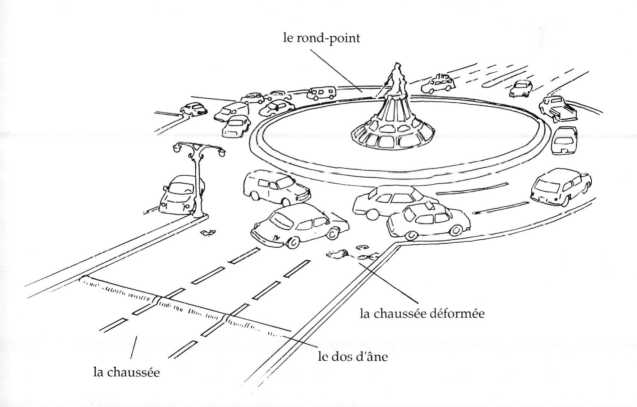

le rond-point

la chaussée déformée

le dos d'âne

la chaussée

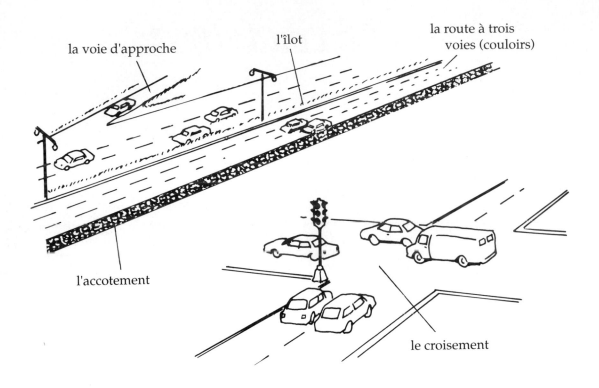

la voie d'approche   l'îlot   la route à trois
                                                              voies (couloirs)

l'accotement

le croisement

Read the following:

> On arrive à un croisement (carrefour).
> Qui *a la priorité (est prioritaire)?*   *has the right-of-way*
> Les véhicules qui viennent de la droite sont toujours
>   prioritaires.
> On doit laisser (céder) le passage aux véhicules qui
>   ont la priorité.

Exercice 1 Choose the correct completion.

1. Quand on arrive à un croisement, _____.
   a. on doit rouler plus vite
   b. on doit signaler avec l'avertisseur et continuer sans ralentir
   c. on doit ralentir
2. Quand il pleut beaucoup ou il y a un orage, _____.
   a. la chaussée est souvent déformée
   b. la chaussée est souvent glissante
   c. les îlots sont fermés
3. Si votre voiture tombe en panne sur l'autoroute, on doit essayer de la mettre (garer)
   _____.
   a. sur l'accotement
   b. sur le trottoir
   c. dans le parc de stationnement
4. On doit faire des travaux, car _____.
   a. la chaussée est déformée
   b. il y a beaucoup de dos d'âne sur la route
   c. il n'y a que quatre couloirs
5. Sur une route qui n'a que trois couloirs, il y en a un _____.
   a. qui sert de déviation
   b. qui est une voie d'approche
   c. qui est à double circulation
6. On fait des travaux. Il y a _____.
   a. une déviation
   b. un rond-point
   c. un croisement

Exercice 2 Answer personally.

1. Il y a beaucoup de rond-points dans votre état?
2. D'après les règlements de circulation aux Etats-Unis, qui a la priorité en arrivant à un croisement?
3. Qu'est-ce qu'on doit céder (laisser) aux véhicules prioritaires?
4. Dans votre état, peut-on conduire (rouler) sur les accotements quand il y a beaucoup de circulation?
5. Quand est-il possible de stationner sur l'accotement?

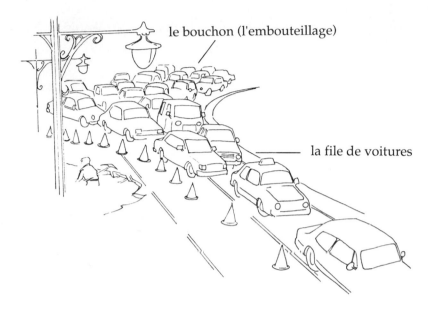

le bouchon (l'embouteillage)

la file de voitures

Read the following:

les points noirs   Ce sont des endroits où il y a souvent des bouchons—c'est-à-dire de longues files de voitures.

les heures de pointe (d'affluence)   Ce sont les heures où il y a beaucoup de circulation. On dit que la circulation est très chargée. Pendant les heures de pointe, beaucoup de conducteurs empruntent des routes secondaires.

Exercice 3   Explain the following in your own words.

1. Dites à quelqu'un en France s'il y a des points noirs près de chez vous. Expliquez où ils se trouvent et pourquoi les bouchons y existent.
2. Expliquez quelles sont les heures de pointe dans votre ville et ses environs.
3. Expliquez ce que vous faites (ou ne faites pas) pour essayer d'éviter les points noirs et les heures d'affluence.

La bonne conduite

Ne roulez pas trop vite.
Ralentissez en arrivant à une agglomération.
Obéissez aux vitesses limites.
En changeant de couloir ou en dépassant,
    regardez dans le rétroviseur.
    mettez le clignotant.
    signalez votre intention avec les phares ou le klaxon.
En arrivant à un croisement, laissez (cédez) le passage aux véhicules qui viennent de
    la droite et qui sont prioritaires.
Gardez vos distances. Laissez espace entre vous et le véhicule qui vous précède.
Ne faites pas de coups de frein brusques.
En bref, conduisez prudemment.

Exercice 4   Answer the following questions.

1. Comment doit-on conduire toujours?
2. Comment doit-on rouler?
3. Quand doit-on ralentir?
4. Qu'est-ce qu'on doit obéir toujours?
5. En arrivant à un croisement, qu'est-ce qu'on doit faire?
6. En dépassant, qu'est-ce qu'on doit faire?

Exercice 5   Make up a sentence using each of the following words or expressions.

1. les vitesses limites
2. dépasser
3. signaler
4. ralentir
5. le point noir
6. le rond-point
7. prioritaire
8. chargé
9. le coup de frein
10. le clignotant

Les accidents

s'écraser contre une autre
voiture (tamponner)

Read the following:

Il *a fait un coup de frein brusque.*	*jammed on the brakes*
La chaussée était glissante et la voiture *a dérapé.*	*skidded*
La voiture *a fait un tonneau.*	*flipped over*
La voiture *a écrasé* un piéton.	*ran over*
Heureusement il n'y a aucun *blessé (tué).*	*wounded (fatality)*
Le conducteur *a brûlé un feu.*	*ran a light*
Il y a eu un *carambolage* de six véhicules.	*pileup*
Il *a fait une queue de poisson* au véhicule qui précédait.	*cut off*

Exercice 6   Express each of the following statements in a different way.

1. Il est passé sur le corps d'un piéton.
2. Il a freiné brusquement.
3. Il ne s'est pas arrêté à un feu rouge.
4. Il a glissé sur la chaussée mouillée.
5. Hier soir il y a eu un accident entre six voitures et un poids-lourd.
6. Il n'est pas mort mais il a été gravement blessé.

Read the following:

En France, comme aux Etats-Unis, le bilan annuel des accidents
de la route est désastreux. Les principales causes d'accidents sont:
les dépassements surtout sur les routes à trois voies et en haut des
côtes; la fatigue; la consommation exagérée d'alcool (l'alcootest
permet aux agents de police de déterminer la quantité d'alcool que
le conducteur a consommée); et la conduite trop à gauche.

Exercice 7   Find an equivalent expression in the paragraph you just read for each of the
following italicized words or expressions.

1. *la personne qui conduit* la voiture
2. *le nombre de boissons alcoolisées que le conducteur a bu*
3. *le sommeil*
4. *le chiffre chaque année* d'accidents *routiers*
5. les routes à trois *couloirs*
6. *le test qu'on donne pour déterminer si un conducteur est ivre (soûl)*

SITUATIONS

Activité 1

You are visiting with a French family and they are interested in knowing something about
the driving habits of people in the United States.
1. They want to know how old you have to be to get a license in the United States. Tell
them.
2. They want to know if you think most people are good or bad drivers. Tell them.
3. They want to know if people tend to drive very fast. Tell them what you think.
4. They want to know if drunk driving is a problem in the United States. Tell them.
5. They want to know if the breathalyzer test exists in the United States. Tell them.
6. They want to know if there are many multilane highways in the United States. Tell
them.
7. They want to know if most of them are toll roads. Tell them.
8. They want to know the speed limit on these superhighways. Tell them.
9. They want to know if there are many serious traffic accidents in the United States. Tell
them.

COUP D'ŒIL SUR LA VIE

Activité 1

Read the following information, which appears in a French guidebook concerning driving in the United States.

> Aux Etats-Unis, comme dans la plupart des pays européens, on circule à droite et on double à gauche. La priorité à droite ne s'impose que si deux voitures arrivent en même temps à un croisement; la voiture de droite a alors la priorité. Dans tout autre cas, le premier arrivé est le premier à passer. Les panneaux *Stop* et *Yield* indiquent qu'il faut céder le passage.
>
> Contrairement à la circulation en France, un tournant à gauche, à un croisement, se fait au plus court. Autrement dit, si une voiture vient en sens opposé sur sa gauche, vous passerez l'un devant l'autre, au lieu de tourner autour du rond-point imaginaire situé au centre de l'intersection.
>
> Dans certains cas, la loi autorise les conducteurs de tourner à droite à l'arrêt au feu rouge; ceci est indiqué par une flèche. Si c'est interdit, le panneau *No turn on red* est souvent présent. Les ronds-points sont rares sauf dans certains états de la côte Est. La première voiture engagée a la priorité.
>
> Il est interdit de stationner sur les trottoirs, devant les bouches d'incendie, devant un arrêt d'autobus.
>
> La vitesse maximale est de 55 miles (90 km) par heure sur toutes les routes et en général de 20 à 25 miles en ville (panneau à l'entrée). La limitation de vitesse est sévèrement contrôlée, et les amendes élevées. On doit ralentir à l'approche des bus scolaires (jaunes) sur le point de s'arrêter ou à l'arrêt. Pendant que les enfants montent et descendent, il est interdit de passer, même lorsqu'on se trouve en sens inverse.
>
> La conduite en état d'ébriété est sévèrement punie; la ceinture de sécurité, obligatoire.

In your own words, retell some of the main points you just read about driving in the United States.

Activité 2

Read the following guidelines for procedures to follow in the event of an automobile accident.

ALERTER

CONSEIL 3

ALERTEZ LES SERVICES QUALIFIÉS..

L'alerte est une phase capitale
car la survie des blessés dépend
de la rapidité d'intervention des secours.

COMMENT ALERTER?

• Les bornes d'appel d'urgence (1) :
elles sont placées sur les autoroutes (tous les 2 km)
et sur certaines routes à grande circulation.
• Les cabines téléphoniques
ou le téléphone d'un particulier.
• S'il n'y a pas de téléphone
envoyez des témoins ou d'autres automobilistes
alerter les services qualifiés.

QUI ALERTER?

En ville : la police, téléphonez au 17.
En rase campagne : la gendarmerie (2).
Le cas échéant :
les sapeurs pompiers, appelez le 18.

CONSEIL 4

LE MESSAGE D'ALERTE.

Ce message doit être clair et précis.
Indiquez :
• L'endroit d'où vous appelez.
• Le lieu de l'accident :
route, ville, campagne, repères et direction.
• S'il y a des blessés :
nombre et gravité apparente des blessures.
• Les véhicules accidentés :
nombre et type : voiture, camion, cyclo.
• Les risques particuliers :
incendie, produits toxiques.

Dès que votre message sera reçu par la gendarmerie ou la police,
il sera immédiatement retransmis aux services de secours qualifiés :
sapeurs-pompiers, services médicaux, S.A.M.U...
qui se rendront au plus vite sur les lieux de l'accident.

(1) Elles sont reliées au poste de Police ou de Gendarmerie le plus proche.
(2) La brigade de Gendarmerie se trouve implantée au chef-lieu de canton.

Answer the following questions based on the guidelines you just read.
1. En cas d'accident, pourquoi l'alerte est-elle une phase capitale?
2. Les bornes d'appel d'urgence sont placées où?
3. Si on ne voit aucune borne d'appel d'urgence, qu'est-ce qu'on peut faire?
4. Qui doit-on alerter en ville?
5. Qui doit-on alerter en rase campagne?

Give four important pieces of information you should give when reporting an accident.

Give the French equivalent for each of the following words or expressions.
1. the survival of the injured
2. a witness
3. in case of need
4. fire fighters
5. landmarks

Chapitre 6
Le restaurant

Vocabulaire

Quelques problèmes

Le dîner est froid.	
La viande n'est pas assez cuite.	
La viande est *trop cuite*.	*overcooked, too well-done*
La viande est très *dure*.	*tough*
La sauce est *brûlée*.	*burned*
La sauce est trop *salée*.	*salty*
La sauce est trop *sucrée*.	*sugary, sweet*
La sauce est trop *épicée*.	*spicy, hot*

Le lait ne *sent* pas très bon.	*smell*
Ça sent mauvais.	
C'est *tourné.*	*spoiled*
pourri.	*rotten* (impolite word)
avancé. (fish)	
gâté. (fruit)	
avarié. (meat)	
Le vin est *aigre.*	*bitter*
Il *a le goût de* vinaigre.	*tastes like*
La nappe n'est pas *propre.*	*clean*
Elle est *sale.*	*dirty*
Elle est toute *tachée.*	*stained*

NOTE   A complete list of food items appears on pages 40-43. A list of the ways foods are frequently prepared appears on page 44.

Exercice 1   Give the opposite of each of the following words.

1. chaud
2. tendre
3. doux
4. bon
5. propre
6. sans épices

Exercice 2   Make up sentences using each of the following words or expressions.

1. sentir
2. avoir le goût
3. trop
4. avancé
5. gâté
6. tourné
7. pourri
8. mauvais
9. aigre
10. sucré

Exercice 3   Complete the following mini-conversations.

1. —Qu'est-ce qui se passe? Tu n'aimes pas?
   —Non. La sauce doit être servie chaude et elle est _____.
   —Pas de problème. Appelle le serveur. On peut la réchauffer.

2. —Qu'est-ce qui se passe?
   —Il y a quelque chose dans ce plat (sur cette assiette) qui ne sent pas bon.
   —Tu as raison. Je crois que c'est la palourde *(type of clam)*. Si elle sent comme ça, elle doit être _____.

3. —Qu'est-ce qu'elle est mauvaise cette sauce vinaigrette!
   —Elle est très aigre?
   —Au contraire. Elle est trop _____.

4. —Tu aimes le vin?
   —Non.
   —Moi non plus. Il _____ vinaigre.
   —Je crois que c'est _____. Je vais appeler le serveur (sommelier).

5. —Tiens! Qu'est-ce qu'elle est _____ cette nappe.
   —Il y a des taches partout.

6. —Oh, mon Dieu.
   —Qu'est-ce qui se passe?
   —Goûte ce lait.
   —Tu es fou? Il sent mauvais. Il _____.

7. —Ces légumes n'ont aucun goût.
   —Je suis d'accord. Ils sont complètement moux.
   —Je crois qu'ils sont trop _____.

8. —Je n'aime pas ce bifteck.
   —Pourquoi?
   —Je l'ai commandé à point et il est _____.

9. —Ce plat ne me plaît pas du tout.
   —Tu ne l'aimes pas?
   —Je crois que le cuisinier a vidé la salière dessus.
   —Il est très _____?

SITUATIONS

Activité 1

You are in a restaurant and you are not enjoying your meal at all. The sauce on your meat is very salty and you cannot eat it. The vegetables are so overcooked they are tasteless and, to add to the problem, the wine tastes like vinegar. It must have turned. Call the waiter over and explain the predicament to him.

Activité 2

You are in a restaurant and you are having a slight problem. You ordered a steak rare and the one they served you is too well-done for you. In addition, you ordered potatoes and the waiter served you rice. Call him over and explain the problem.

Foods (Les aliments)

Vegetables (Les légumes)

artichoke   l'artichaut *(m.)*
asparagus   les asperges *(f.)*
beans   broad   les haricots secs *(m.)*, les
      fèves *(f.); green kidney*   les flageolets *(m.);*
      green beans   les haricots verts *(m.)*
beet   la betterave
broccoli   le brocoli
brussels sprouts   les choux de Bruxelles *(m.)*
cabbage   le chou; *savoy cabbage*   le chou frisé
carrot   la carotte
cauliflower   le chou-fleur
celery   le céleri
chestnut   le marron
chickpeas   les pois chiches *(m.)*
chicory   la chicorée, l'endive *(f.)*
corn   le maïs
cucumber   le concombre
eggplant   l'aubergine *(f.)*
endive   la chicorée, l'endive *(f.); curly endive*
      la (chicorée) frisée
garlic   l'ail *(m.)*
hearts of palm   les cœurs de palmier *(m.)*
leeks   les poireaux *(m.)*
lentils   les lentilles *(f.)*
lettuce   la laitue; *Boston lettuce*   la laitue,
      la laitue de mâche *(Canada)*
lima beans   les fèves de Lima *(f.)*
mushroom   le champignon
onion   l'oignon *(m.)*
parsnip   le panais
peas   les pois *(m.); green peas*   les petits pois
pepper   le piment, le poivron
potato   la pomme de terre
pumpkin   la citrouille
radish   le radis
rice   le riz
sauerkraut   la choucroute
shallot   l'échalote *(f.)*
spinach   les épinards *(m.)*
squash   la courge, la courgette

sweet potato   la patate douce
tomato   la tomate
turnip   le navet
watercress   le cresson
zucchini   la courgette

Fruits (Les fruits)

almond   l'amande *(f.)*
apple   la pomme
apricot   l'abricot *(m.)*
avocado   l'avocat *(m.)*
banana   la banane
blackberry   la mûre
cherry   la cerise
coconut   la noix de coco
currant   la groseille
date   la datte
fig   la figue
gooseberry   la groseille à maquereau
grape   le raisin
grapefruit   le pamplemousse
guava   la goyave
hazelnut   la noisette
lemon   le citron
lime   le limon, la lime, la limette
melon   le melon
olive   l'olive *(f.)*
orange   l'orange *(f.)*
papaya   la papaye
peach   la pêche
pear   la poire
pineapple   l'ananas *(m.)*
plum   la prune
pomegranate   la grenade
prune   le pruneau
raisin   le raisin sec
raspberry   la framboise
strawberry   la fraise; *wild strawberry*
      la fraise des bois
walnut   la noix
watermelon   la pastèque

Meats (Les viandes)

bacon   le lard, le bacon
beef   le bœuf, le bifteck
blood pudding   le boudin
bologna sausage   la mortadelle
brains   les cervelles *(f.)*
cold cuts   l'assiette anglaise *(f.)*
filet mignon   le filet mignon; les médaillons *(m.)*
goat   la chèvre
ham   le jambon
heart   le cœur
kidneys   les rognons *(m.)*
lamb   l'agneau *(m.); lamp chop* la côtelette d'agneau; *lamb shoulder* l'épaule d'agneau *(f.); rack of lamb* le carré d'agneau
liver   le foie
meatballs   les boulettes de viande *(f.)*
mutton   le mouton
oxtail   la queue de bœuf
ox tongue   la langue de bœuf
pork   le porc; *pork chop* la côtelette de porc
rib steak   l'entrecôte *(f.)*
sausage   les saucisses *(f.)*
spareribs   les basses-côtes *(f.)*
suckling pig   le cochon de lait
sweetbreads   les ris de veau *(m.)*
T-bone steak   la côte de bœuf
tongue   la langue
tripe   les tripes *(f.)*
veal   le veau; *veal cutlet* la côtelette de veau; *veal scallopini* l'escalope de veal *(f.)*

Fowl and Game (La volaille et le gibier)

boar (wild)   le sanglier
capon   le chapon
chicken   le poulet
duck   le canard
goose   l'oie *(f.)*
hare   le lièvre
partridge   le perdreau, la perdrix
pheasant   le faisan

pigeon   le pigeon
quail   la caille
rabbit   le lapin
squab   le pigeonneau
turkey   la dinde
venison   le chevreuil

Parts (Les parties)

breast   la poitrine
chop   la côtelette
chopped meat   la viande hâchée
cutlet   la côtelette, l'escalope (de veau) *(f.)*
filet   le filet
filet mignon   les médaillons *(m.)*
leg of lamb   le gigot d'agneau
loin   l'aloyau *(m.),* la côte première
prime rib   la côte de bœuf
rack of lamb   le carré d'agneau
rib   la côte
rib roast   le contre-filet
sirloin   l'aloyau *(m.)*
steak   le filet, le bifteck
thigh   la cuisse
wing   l'aile *(f.)*

Fish and Shellfish (Les poissons et les crustacés [fruits de mer])

anchovy   l'anchois *(m.)*
angler-fish   la lotte
barnacle   le bernacle
bass   la perche; *sea bass* le bar
carp   la carpe
clam   la palourde
cod   la morue
codfish   le cabillaud
crab   le crabe
crayfish   les écrevisses *(f.),* les langoustes *(f.)*
eel   l'anguille *(f.)*
flounder   le carrelet, la plie *(Canada)*
frogs' legs   les cuisses de grenouille *(f.)*
grouper   le mérou
hake   le colin, la merluche
halibut   le flétan
herring   le hareng

lobster   le homard, la langouste;   *rock
        lobster*   la langouste
mackerel   le maquereau
monkfish   la lotte
mullet   le mulet;   *red mullet*   le rouget
mussel   la moule
octopus   la pieuvre, le poulpe
oyster   l'huître *(f.)*
perch   la perche
pickerel   le doré
pike   le brochet
plaice   le carrelet
prawns   les langoustines *(f.)*
red snapper   la perche rouge
salmon   le saumon
sardine   la sardine
scallops   les coquilles Saint-Jacques *(f.)*
sea bass   le loup, le bar
sea bream   la dorade
sea urchin   l'oursin *(m.)*
shrimp   la crevette
skatefish   la raie
smelts   les éperlans *(m.)*
snail   l'escargot *(m.)*
sole   la sole
squid   le calmar
swordfish   l'espadon *(m.)*
trout   la truite
tuna   le thon
turbot   le turbot, le turbotin
whiting   le merlan

Eggs (Les œufs)

fried eggs   les œufs sur le plat *(m.)*, les
        œufs à la poêle *(Canada)*
hard-boiled eggs   les œufs durs *(m.)*
omelette   l'omelette *(f.)   plain omelette*
        l'omelette nature;   *with herbs*
        l'omelette aux fines herbes;
        with mushrooms   l'omelette aux
        champignons
poached eggs   les œufs pochés *(m.)*
scrambled eggs   les œufs brouillés *(m.)*
soft-boiled eggs   les œufs à la coque *(m.)*

Sweets and Desserts (Les sucreries et les desserts)

apple turnover   le chausson aux pommes
cake   le gâteau
candy   le bonbon
caramel custard   la crème caramel
compote   la compote
cookie   le biscuit, le petit gâteau
cream puffs   les choux à la crème *(m.)*
custard   le flan, la crème renversée
custard tart   la dariole
doughnut   le beignet
gelatin   la gélatine
honey   le miel
ice cream   la glace, la crème glacée *(Canada)*;
        vanilla ice cream   la glace à la vanille
jam   la confiture
jelly   la gelée (de fruits)
meringue   la meringue
pancake   la crêpe
pie   la tarte
rice pudding   le riz au lait
sponge cake   le biscuit de Savoie
syrup   le sirop
tart   la tarte
turnover   le chausson
waffle   la gaufre

Beverages (Les boissons)

after-dinner drink   le digestif
aperitif   l'apéritif *(m.)*
beer   la bière, le demi;   *dark beer*   la bière
        brune;   *light beer*   la bière blonde;
        tap beer   la bière à la pression
champagne   le champagne
chocolate   le chocolat;   *hot chocolate*   le
        chocolat chaud
cider   le cidre, le cidre mousseux
coffee   le café;   *black coffee*   le café noir;
        coffee with milk   le café au lait, le
        café-crème;   *expresso*   le café express
Coke   le coca
ice   la glace
ice cubes   les glaçons *(m.)*

infusion (mint) l'infusion de menthe *(f.)*
juice le jus; *apple juice* le jus de pommes;
     fruit juice le jus de fruits
lemonade le citron pressé
milk le lait
milkshake le lait frappé
mineral water l'eau minérale *(f.);*
     carbonated gazeuse; *noncarbonated*
     non-gazeuse, plate
sherry le xérès
soda le soda
soft drink la boisson gazeuse, la
     limonade
tea le thé; *with lemon* le thé au citron;
     herb tea l'infusion *(f.)*, la tisane;
     camomile à la camomille; *lime blossom*
     tea le tilleul; *iced tea* le thé glacé
water l'eau *(f.); ice water* l'eau glacée
wine le vin; *red wine* le vin rouge;
     rosé le vin rosé; *white wine*
     le vin blanc

Condiments and Spices (Les condiments et les épices)

anise l'anis *(m.)*
basil le basilic
bay leaf la feuille de laurier
capers les câpres *(m.)*
chives la ciboulette
cinnamon la cannelle
coriander la coriandre
fennel le fenouil
dill l'aneth *(m.)*
garlic l'ail *(m.)*
ginger le gingembre
ketchup la sauce de tomate, le catsup
marjoram la marjolaine
mayonnaise la mayonnaise
mint la menthe
mustard la moutarde
nutmeg la muscade, la noix de muscade
oregano l'origan *(m.)*
paprika le paprika
parsley le persil

pepper le piment, le poivre
rosemary le romarin
saffron le safran
sage la sauge
salt le sel
sesame le sésame
syrup le sirop
tarragon l'estragon *(m.)*
thyme le thym
vanilla la vanille

Miscellaneous Food Items (Divers produits alimentaires)

baking powder la levure artificielle
baking soda le bicarbonate de sodium, le
     bicarbonate de soude
bread le pain
butter le beurre
cereal les céréales *(m.)*
cheese le fromage; *melted cheese*
     le fromage fondu
cornstarch la farine de maïs
cream la crème
egg white le blanc d'œuf
egg yolk le jaune d'œuf
flour la farine
gravy la sauce
lard le lard
noodles les nouilles *(f.)*, les pâtes *(f.)*
nut la noix
oil l'huile *(f.); olive oil* l'huile d'olive
peanut la cacahouète, l'arachide *(f.);*
     peanut butter le beurre d'arachide
pickle le cornichon
pine nuts les pignons *(m.)*
roll le petit pain
sandwich le sandwich
snack le casse-croûte
sugar le sucre
toast le pain grillé, les biscottes *(f.);*
     les rôties *(f.) (Canada)*
vinegar le vinaigre
yeast la levure
yogurt le yaourt

Ways of Preparing Foods (Façons de préparer la nourriture)

baked   cuit au four
boiled   bouilli
breaded   au gratin, gratiné
broiled   rôti
browned   gratiné
chopped   hâché, émincé
fried   frit
grilled   grillé, au charbon
in its natural juices   au jus
mashed   en purée
poached   poché
pureed   en purée
roasted   rôti

sauce (with)   en sauce
sautéed   sauté
smoked   fumé
steamed   à la vapeur
stewed   ragoût, en cocotte, mijoté, mitonné

Eggs (Les œufs)
fried   un œuf sur le plat
hard-boiled   dur
medium-boiled   mollet
poached   poché
scrambled   brouillé
soft-boiled   à la coque

Chapitre 7

La cuisine

Vocabulaire

Les préparatifs

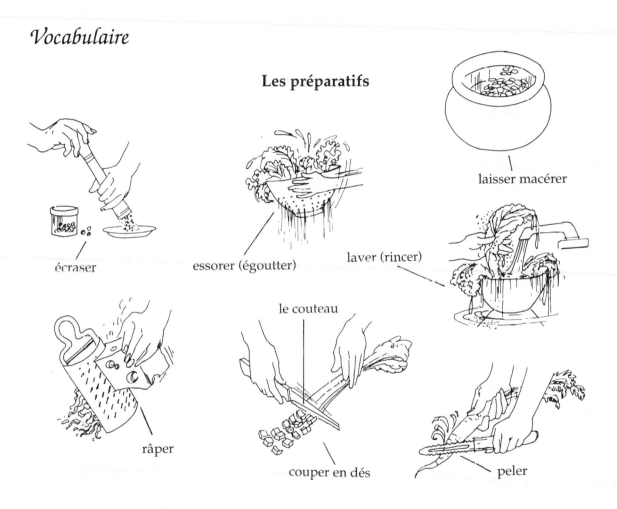

laisser macérer

écraser

essorer (égoutter)

laver (rincer)

le couteau

râper

couper en dés

peler

Read the following:

le couteau *bien affilé (aiguisé)*	*sharp*
le couteau *tranchant*	*carving*

NOTE A complete list of food items appears on pages 40-43. A list of ways in which foods are frequently prepared appears on page 44.

Exercice 1 Put the following commands in order.

_____ Essorez-les.
_____ Faites-les cuire à l'eau à feu fort.
_____ Lavez les carottes.
_____ Coupez-les en rondelles fines (*contraire:* épaisses).
_____ Pelez-les.

Exercice 2 Match the activity or process in the first column with any appropriate food item in the second column.

1. _____ essorez
2. _____ râpez
3. _____ écrasez
4. _____ lavez
5. _____ pelez
6. _____ laissez macérer
7. _____ coupez en dés
8. _____ coupez en rondelles

a. les petits pois
b. le citron
c. le poivre
d. les épinards
e. les tomates
f. la laitue
g. l'ail
h. les carottes
i. le fromage
j. les herbes
k. le concombre
l. les flageolets
m. les radis

Exercice 3 Complete the following statements.

1. Qu'est-ce que tu penses? Faut-il _____ les tomates avant de les mettre dans la salade?
2. Absolument pas. Je crois que c'est de la folie ça. Ne les _____ pas. Mais il faut les _____. Tu vas les _____ ou tu vas les mettre entières dans la salade?
3. Avec les spaghetti, tu aimes le fromage _____?
4. Les épinards sont couverts de sable (*sand*). Il faut les _____ très bien. Franchement je crois qu'on doit les laisser _____ dans l'évier (*sink*).
5. Je vais _____ les concombres et ensuite je vais les _____ en rondelles.

Exercice 4 Give some of the steps in preparing the following food items.

1. les fruits
2. les oignons
3. les gousses (*cloves*) d'ail
4. les pommes de terre qu'on va faire frire
5. les pommes de terre qu'on va faire cuire au four

La cuisson

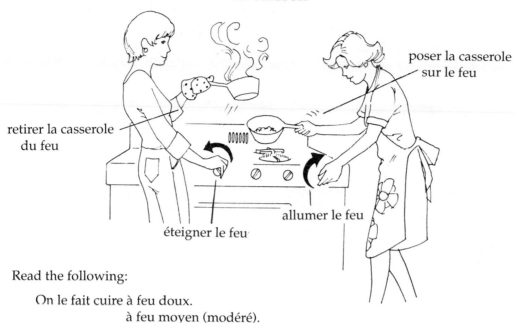

poser la casserole sur le feu

retirer la casserole du feu

éteigner le feu

allumer le feu

Read the following:

On le fait cuire à feu doux.
à feu moyen (modéré).
à feu fort (rapide).

On met le couvercle.
On le fait cuire couvert.
On retire le couvercle.

faire fondre   Faites fondre le beurre.
fouetter, battre   Fouettez (Battez) les œufs rapidement.
blanchir   Blanchissez les amandes.
mélanger   Mélangez tous les ingrédients de la recette dans un bol.
verser   Versez une tasse de court-bouillon dans une casserole.
porter à ébullition   Portez à ébullition le court-bouillon.
ajouter   Ajoutez une échalote coupée en dés (hachée).
émulsionner   Emulsionnez la moutarde, le vinaigre et l'huile d'olive dans un petit bol.
tourner   Tournez la sauce doucement.
faire réduire   Faites réduire la sauce à moitié.
laisser épaisser   Laissez-la épaisser.
beurrer   Beurrez le moule avant d'y ajouter la préparation.
saler et poivrer   Salez et poivrez la sauce au goût.
parsemer   Parsemez la salade de graines de sésame.
garnir   Garnissez le plat de persil.
arroser   Arrosez ou nappez la salade de sauce vinaigrette.
casser   Cassez les œufs.
séparer   Séparez les jaunes des blancs.

Exercice 5   Describe each illustration.

Exercice 6 Complete the following statements.

1. _____ à feu doux.
2. _____ une tasse de court-bouillon dans la casserole.
3. _____ du persil et une gousse d'ail coupée en deux.
4. _____ à ébullition.
5. _____ le liquide à une demi-tasse.
6. _____ la sauteuse à feu très doux.
7. _____ le beurre sans le laisser roussir.
8. _____ les amandes.
9. _____ deux œufs.
10. _____ les jaunes des blancs.
11. _____ les blancs dans un bol.
12. _____-les jusqu'à ce qu'ils triplent.
13. _____ le moule à gâteau.
14. _____ tous les ingrédients dans un bol.
15. _____ la préparation dans le moule.
16. _____ d'amandes.
17. _____ le four.
18. _____ le moule au four.
19. _____-le cuire vingt minutes.

Exercice 7 Express the following in French. Do not translate word-for-word.

1. Cover and cook over a low flame for five minutes.
2. Uncover, add one pat **(un médaillon)** of butter, and stir lightly until the sauce thickens.
3. Add the juice of one lemon to the sauce and stir lightly. Add a pinch of salt. Beat until all the ingredients are blended.
4. Bring the water to a boil and then let it boil for five minutes.
5. Uncover and cook slowly, or let it simmer **(laisser mitonner** or **mijoter)** until the liquid is reduced.
6. Chop the onions and two cloves of garlic and add to the tomatoes in the skillet. Put two tablespoons of olive oil on the tomatoes, mix all the ingredients together, and stir lightly over a medium heat.

SITUATIONS

Activité 1

You happen to like cooking and you are discussing food with a friend in Menton, a town on the border between France and Italy. Give your friend the recipe for one of your favorite dishes.

COUP D'ŒIL SUR LA VIE

Activité 1

Read the following recipe **(recette)** for a carrot and spinach salad.

Salade de carottes aux épinards
(Pour 4 personnes)

500 g de carottes	*4 c. à s. d'huile d'olive*
150 g de jeunes épinards très frais	*2 c. à s. de jus de citron*
2 c. à s.* de pignons	*sel, poivre*

Faites griller les pignons dans une poêle sèche. Lavez les épinards; essorez-les; coupez les tiges; laissez les feuilles entières si elles sont petites, sinon, coupez-les en lanières; mettez-les dans un saladier avec les pignons. Pelez les carottes; lavez-les; râpez-les finement; mettez-les dans le saladier. Arrosez le tout d'huile. Salez, poivrez; mélangez; arrosez de jus de citron; mélangez encore et servez aussitôt. (Les pignons peuvent être remplacés par des noisettes effilées ou par l c. à s. de graines de sésame; et l'huile d'olive par 3/4 d'huile de germes de maïs et 1/4 d'huile de sésame ou de noisettes.)

* cuiller à soupe

Answer the questions based on the recipe you just read.
1. Cette recette demande quelle quantité de carottes?
2. Qu'est-ce qu'on fait griller?
3. Qu'est-ce qu'il faut faire avec les épinards? *(six choses)*
4. Et avec les carottes? *(quatre choses)*
5. «Le tout» s'adresse à quoi?
6. Après avoir mélangé la salade et y avoir mis du sel et du poivre, de quoi est-ce qu'on l'arrose?
7. Cette recette permet quelques remplacements. Qu'est-ce qu'ils sont?
8. Quelles sont les quatre huiles mentionnées dans cette recette?

Activité 2

Read the following recipe for **lotte,** a delicious white fish that comes from the waters of northern Europe.

**LOTTE
AUX LEGUMES CROQUANTS**
(Pour 6 personnes)

2 filets de lotte de 300 g
* sans peau ni os*
300 g de haricots verts
* très fins*
800 g de fèves nouvelles
5 petites courgettes
* (facultatif)*
3 tomates mûres mais
* fermes (100 g en tout)*
1 gousse d'ail nouveau

5 c. à s. d'huile d'olive
* très fruitée*
3 c. à s. de vinaigre de
* vin vieux*
5 pincées de curry en
* poudre*
sel, poivre
5 ciboules ou 5 oignons
* nouveaux*

Demandez à votre poissonnier de découper les filets de lotte en fins médaillons (d'environ 3 mm d'épaisseur). Equeutez les haricots verts; lavez-les. Coupez les deux extrémités des courgettes; lavez-les; écossez les fèves (retirez aussi la fine peau qui les entoure). Faites cuire les légumes à la vapeur en les gardant légèrement croquants «al dente» (7 mn pour les haricots, 3 mn pour les courgettes et les fèves et 2 mn pour la lotte). Réservez-les au chaud, dans le cuisine-vapeur couvert hors du feu. Pelez les tomates; coupez-les en petits cubes, en éliminant les graines. Pelez les ciboules (ou les oignons) et coupez-les en fines rondelles. Passez la gousse d'ail dans un presse ail au dessus d'un bol; ajoutez le vinaigre, l'huile, le curry, le sel et le poivre; émulsionnez avec une fourchette. Mettez les légumes et les cubes de tomates dans un saladier; nappez-les de la moitié de la vinaigrette; mélangez. Répartissez cette salade dans quatre assiettes et posez par-dessus les médaillons de lotte; nappez de vinaigrette restante. Parsemez de ciboule et servez. Vous pouvez ajouter à la vinaigrette des feuilles de basilic ciselées.

Answer the questions based on the recipe you just read.
1. Comment le poissonier doit-il découper la lotte?
2. Qu'est-ce qui entoure les fèves?
3. Qu'est-ce qu'on doit faire avec?
4. Comment doit-on faire cuire les légumes?
5. Qu'est-ce qu'on doit faire avec les tomates?
6. On doit couper les ciboules *(scallions)* en grosses rondelles?

Give the French equivalent for each of the following words or expressions.

1. cut off the ends (tips)
2. steam
3. keep covered off the flame
4. crispy
5. garlic press
6. steamer
7. keep them warm
8. remaining vinaigrette

Chapitre 8

Les vêtements

Vocabulaire

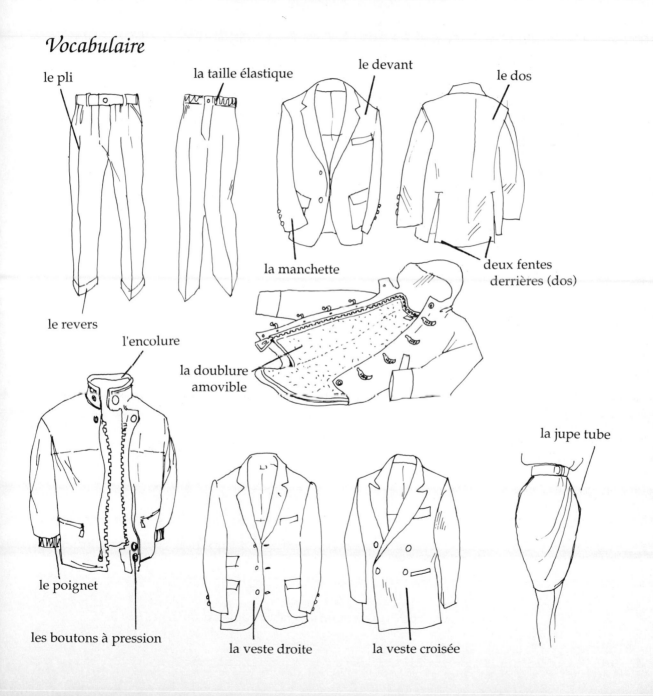

le pli   la taille élastique   le devant   le dos

la manchette

deux fentes derrières (dos)

le revers

l'encolure

la doublure amovible

la jupe tube

le poignet

les boutons à pression

la veste droite   la veste croisée

la poche latérale

la poche arrière

la poche poitrinc

la poche boutonnée

la poche (en) biais

la poche (de) face
(la poche devant)

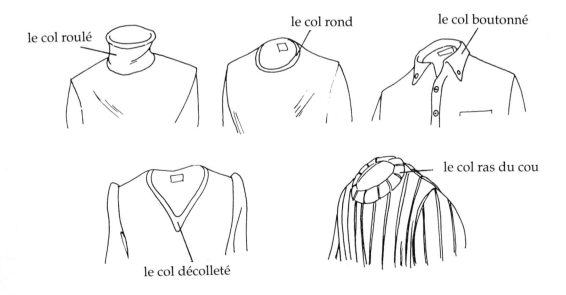

le col roulé

le col rond

le col boutonné

le col ras du cou

le col décolleté

NOTE   A complete list of articles of clothing and fabrics appears on pages 62-63.

Exercice 1   Match each word or expression with the correct illustration.

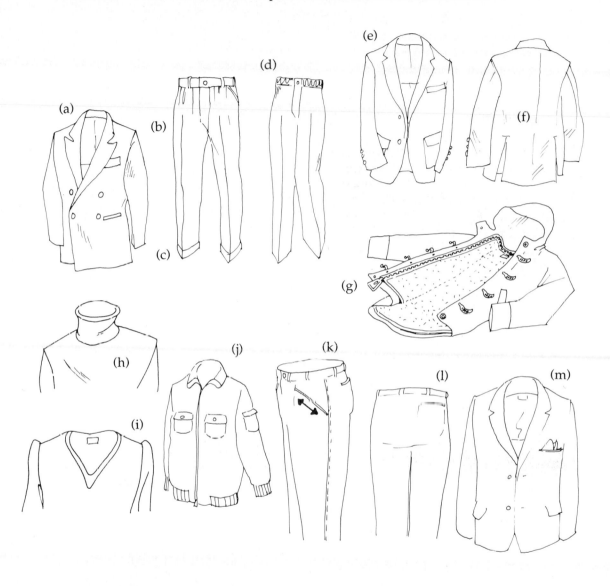

1. _____ la taille élastique
2. _____ des manchettes élastiques
3. _____ plissé (des plis) devant
4. _____ les revers
5. _____ des boutons à pression
6. _____ la doublure amovible

7. _____ les poches arrières
8. _____ le col roulé
9. _____ la poche en biais
10. _____ le devant
11. _____ la veste croisée
12. _____ la fente dos

Exercice 2   Answer the following questions.

1. Vous portez un pantalon maintenant? *(If you answer* no, *go on to Exercise 3.)*
2. Il est en quel tissu (quelle étoffe)?
3. Il a des poches? Combien?
4. Où sont-elles? Décrivez-les.
5. Le pantalon est à pinces?
6. C'est un pantalon habillé ou sport?
7. Il est doublé?
8. La doublure est amovible?
9. Vous avez un imper à doublure amovible?
10. Le pantalon a des revers?
11. La taille est élastique ou faut-il mettre une ceinture?
12. De quelle couleur est le pantalon?
13. Il a une braguette?
14. C'est une braguette à boutons ou à fermeture éclair?

Exercice 3   Answer the following questions.

1. Vous portez une jupe?
2. La jupe est en quel tissu?
3. Elle est de quelle couleur?
4. Elle a des plis?
5. Elle a une fente derrière?
6. Elle a une taille élastique?
7. Elle descend jusqu'aux genoux?
8. C'est une jupe tube ou pas?

C'est un chemisier (une chemise)
à gros carreaux.

C'est un chemisier (une chemise)
à petits carreaux.

C'est un peu petit. Je voudrais
la taille au dessus.

C'est un peu grand. Je voudrais
la taille au dessous.

Monsieur va faire faire un complet.
Il ne veut pas un complet confection (prêt-à-porter).
Il va chez le tailleur.
Le tailleur coupe le complet à ses mesures.

Madame achète un tailleur.
Elle ne fait pas faire le tailleur.
Elle l'achète en confection.
C'est-à-dire tout fait ou en prêt-à-porter.
Si un tailleur ou un complet ne vous va pas parfaitement,
    il faut faire des retouches.

Exercice 4   Choose the correct response.

1. Monsieur va chez le tailleur?
    a. Oui, il veut acheter un complet en confection.
    b. Oui, il veut un complet sur mesures.
2. Madame veut acheter un tailleur?
    a. Oui, elle le trouve très chic.
    b. Oui, et elle l'achète au rayon confection.
3. Monsieur achète un costume en prêt-à-porter?
    a. Oui, le tailleur le lui coupe à ses mesures.
    b. Oui, le tailleur ne fait que quelques retouches.
4. C'est un peu petit, trop serré. Tu ne crois pas?
    a. Si, tu as besoin de la taille au dessus.
    b. Absolument. Tu as besoin de la taille au dessous.

Exercice 5 In your own words, describe the illustration. Be as thorough as possible.

Exercice 6 In your own words, describe exactly what you are wearing at this moment. Be as thorough as you can.

SITUATIONS

Activité 1

You are in a men's clothing boutique in Paris. You are interested in buying a jacket and a pair of pants. A salesperson is waiting on you.

1. He wants to know if you want a single- or double-breasted jacket. Tell him.
2. He wants to know if you prefer a formal or a casual look. Tell him.
3. He wants to know if you have a preference in fabric. Tell him.
4. He wants to know if you like wide lapels. Tell him.
5. You try on a pair of slacks and you notice that there are no back pockets. Tell the salesperson that you prefer pants that have back pockets.
6. Explain to him that if the slacks have no back pocket you never know what to do with your wallet.
7. You finally find a pair of slacks that you like. The salesperson wants to know if you want cuffs. Tell him.
8. Ask the salesperson if the tailor will make some alterations.
9. Tell him you think the waist is too tight.

Activité 2

You are in a women's clothing store in Paris. You are interested in buying a skirt. The salesperson is waiting on you.

1. The salesperson asks you if you want a skirt with pleats or without. Tell her.
2. She wants to know if you want something close-fitting or tight. Tell her.
3. She wants to know if you prefer a dressy look or a more casual look. Tell her.
4. She wants to know if you have a preference in fabric. Tell her.
5. She asks you whether you want a gathered waist or if you prefer to wear a belt. Answer her.
6. She wants to know if you want a knee-length skirt or one that is shorter or longer. Tell her.
7. She wants to know if you want a skirt with pockets or without. Tell her.

COUP D'ŒIL SUR LA VIE

Activité 1

Read the following commentary, which appeared in a women's fashion magazine.

> **Le jean comme le coton sont devenus des matières intemporelles que l'on portera aussi bien en hiver. Souvent doublés, rechauffés de laine, éclairés de bijoux argent, on aimera ces blousons et ces pantalons pour leur allure sportive décontractée et leurs très petits prix.**

In your own words, tell in French what the article says about the following topics.

1. les saisons
2. la chaleur
3. des accessoires
4. un look
5. les prix

Activité 2

Read the following description of a man's outfit, which appeared recently in a leading men's magazine.

Elégance mais surtout décontraction chez Jean Pierre Loti
Blouson coton bleu-marine 1.500F, larges poches
    de face dont une est en biais
Pantalon coton à pinces 1.050F
Pull en laine et coton 1.300F

Give the fabric for each of the following items.
   1. le pull
   2. le blouson
   3. le pantalon

Which item of clothing or clothing feature is described as follows?
   1. larges
   2. à pinces
   3. en biais
   4. élégant mais décontracté

True or false?
   1. Toutes les poches du blouson sont devant.
   2. De toutes les poches du blouson, il n'y en a qu'une qui est large.
   3. Les poches sont en biais.
   4. Le pantalon est en laine.
   5. Le tout a une allure d'élégance mais aussi de décontraction.

Men's Clothing (Les vêtements masculins)

ascot   l'ascot *(m.)*

belt   la ceinture

bermuda shorts   le bermuda

boots   les bottes *(f.)*

bow-tie   le nœud papillon

briefs (bikini underpants)   le slip

cardigan sweater   le cardigan

gloves   les gants *(m.)*

handkerchief   le mouchoir;
        decorative for jacket pocket
        la pochette

hat   le chapeau

jacket   la veste; *double-breasted
        jacket*   la veste croisée; *outer jacket*
        le blouson; *single-breasted jacket*
        la veste droite

jeans   le jean

jogging pants   le caleçon

necktie   la cravate

nightshirt   la chemise de nuit

overcoat   le manteau

pajamas   le pyjama

pants   le pantalon

parka   le parka

pullover sweater   le pull

raincoat   l'imperméable *(m.)*, l'imper *(m.)*

sandals   les sandales *(f.)*

shirt   la chemise

shoes   les chaussures *(f.);*   *beach shoes*   les
        espadrilles *(f.)*

shorts   le short

slacks   le pantalon; *sport slacks*   le caleçon

sneakers   les tennis *(m.)*

socks   les chaussettes *(f.)*

sport coat   la veste

suit   le complet, le costume

suspenders   les bretelles *(f.)*

sweater cardigan   le cardigan; *pullover
        sweater*   le pull

T-shirt   le T(ee) shirt

trenchcoat   l'imper trench *(m.)*

tuxedo   le smoking

umbrella   le parapluie

underpants   le caleçon; *bikini-type briefs*
        le slip

undershirt   le maillot de corps

underwear   les sous-vêtements *(m.)*

vest   le gilet

wallet   le portefeuille

windbreaker   le blouson

Women's Clothing (Les vêtements de femme)

bathing suit   le maillot

bermuda shorts   le bermuda

blazer   le blazer

blouse   le chemisier, la blouse

cape   la cape

cardigan sweater   le cardigan

change purse   le porte-monnaie

dress   la robe

evening gown   la robe du soir

fur coat   le manteau de fourrure

gloves   les gants *(m.)*

handkerchief   le mouchoir

hat   le chapeau

jeans   le jean

negligee   le peignoir, le déshabillé

overcoat   le manteau

pajamas   le pyjama

panties   la culotte; *bikini-type briefs*   le slip

pants   le pantalon

pants suit   l'ensemble pantalon *(m.)*

pantyhose   le collant
pocketbook   le sac à main
pullover sweater   le pull
raincoat   l'imperméable *(m.)*, l'imper *(m.)*
scarf   l'écharpe *(f.)*, le foulard
shoes   les chaussures *(f.)*
shorts   le short
skirt   la jupe
slacks   le pantalon
slip, full   la combinaison (-jupon);
   half-slip   le jupon

socks   les chaussettes *(f.)*
stockings   les bas *(m.)*
suit   le tailleur
sweater   le cardigan, le tricot, le pull
tights   le collant
trenchcoat   l'imper trench *(m.)*
umbrella   le parapluie
undergarments   les sous-vêtements *(m.)*
windbreaker   le blouson

Fabrics (Les tissus)

blend   le mélange (mélangé), la
   combinaison (combiné)
cashmere   en cachemire
corded   en laine côtelée
corduroy   en velours côtelé
cotton   en coton
cotton blend   en coton mélangé
denim   en jean
felt   en feutre
flannel   en flanelle
gabardine   en gabardine
knit   en tricot

leather   en cuir
linen   en lin, en toile
nylon   en nylon
polyester   en polyester
poplin   en popeline
seersucker   en (coton) seersucker
silk   en soie
suede (shoes)   en daim; *(gloves)*   en suède
swansdown   en coton molletoné
terry cloth   en tissu éponge
wool   en laine
worsted wool   en laine peignée

shrinkable   rétrécissable
synthetic   en tissu synthétique
washable   lavable
wrinkle-resistant   en tissu infroissable

Chapitre 9

La teinturerie et la blanchisserie

Vocabulaire

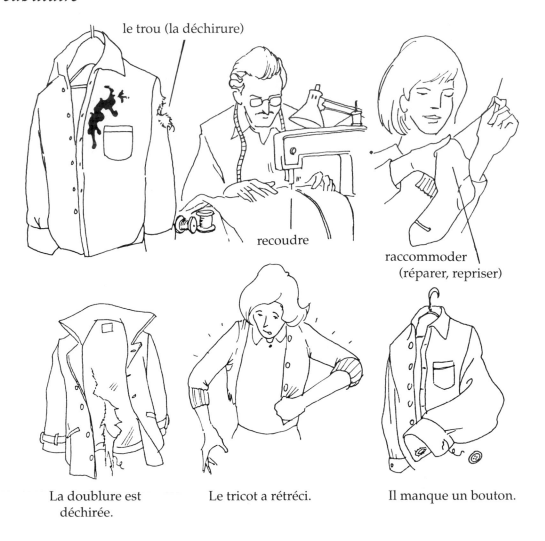

le trou (la déchirure)

recoudre

raccommoder
(réparer, repriser)

La doublure est
déchirée.

Le tricot a rétréci.

Il manque un bouton.

NOTE   A complete list of articles of clothing and fabrics appears on pages 62-63.

Exercice 1   Describe each illustration.

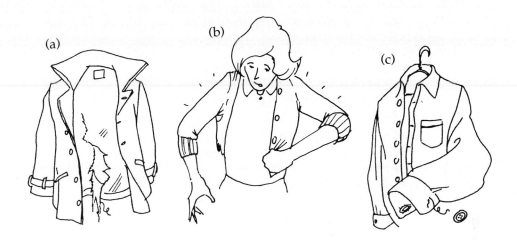

(a)   (b)   (c)

Communication

A la teinturerie

CLIENTE	Vous pouvez me nettoyer ce chemisier?
EMPLOYÉE	Bien sûr, Madame. Mais il y a beaucoup de taches.
CLIENTE	Ah, oui. Je sais qu'il y a une petite tache sur la manche. Mais vous pouvez la faire disparaître, n'est-ce pas?
EMPLOYÉE	Je ne sais pas, Madame. C'est de la graisse?
CLIENTE	Je n'en sais pas. Je crois que c'est plutôt du café.
EMPLOYÉE	De toute façon on essaiera la faire disparaître mais je ne peux rien garantir.

Exercice 2   Complete the statements based on the preceding conversation.

1. A la teinturerie on va _____.
2. Mais ce chemisier est _____.
3. C'est la manche qui _____.
4. La tache est _____.
5. On va essayer _____.
6. Mais on ne peut rien _____.

A la laverie

CLIENTE	Je voudrais faire laver ce tricot.
EMPLOYE	Ce tricot? Pas possible! Il est en laine, Mademoiselle. Il rétrécira.
CLIENTE	On ne peut pas le laver alors?
EMPLOYE	Non, parce qu'il rétrécira sans aucune doute. Mais si vous voulez, on peut le nettoyer à sec sans problème.
CLIENTE	Ah, très bien. Je le voudrais pour cet après-midi. C'est possible?
EMPLOYE	Je suis désolé, Mademoiselle. Mais pour cet après-midi, ce n'est pas possible. Vous voyez *(en indiquant une annonce)*— Nettoyage à sec en vingt-quatre heures.
CLIENTE	Ça va. Alors, je reviendrai demain.

Exercice 3　Explain in your own words why the sweater mentioned in the preceding conversation cannot be washed.

A la teinturerie

CLIENTE	Madame, ce manteau est assez usé mais il est tellement confortable que je ne veux pas le jeter. Mais vous voyez—la doublure est complètement déchirée. Vous pouvez me la faire recoudre?
EMPLOYE	Oui, Madame. Le tailleur peut vous réparer la doublure sans problème.
CLIENTE	Et ici, sur l'épaule, il y a un petit trou. Moi, je ne fume pas mais il me semble que c'est un trou de cigarette. On peut le raccommoder?
EMPLOYE	C'est un peu difficile. Quand le tailleur reviendra, je lui demanderai s'il peut le *tisser*.

weave

Exercice 4   Answer the questions based on the preceding conversation.

1. Le manteau dont la cliente parle est tout neuf?
2. Elle ne veut pas le jeter. Pourquoi?
3. Dans quel état est la doublure?
4. On peut la faire recoudre?
5. Le tailleur peut la réparer?
6. Où est le trou?
7. On peut le réparer?

SITUATIONS

Activité 1

You are on a long trip through all of France. You finally have to get your laundry done. You decide you will get it done in Grenoble, before leaving for the smaller towns in the Alps.

1. You have three shirts that you want washed and ironed. Tell the clerk and also explain that you do not want any starch.
2. Show her your sweater. Explain to her that it is a wool knit. Ask her if it will shrink.
3. She tells you that it will definitely shrink. Since you need it desperately before heading for the mountains, tell her to dry clean it.
4. You have an outer jacket (**blouson**) and a button is missing. Ask the clerk if they can dry clean the jacket and sew on the missing button.
5. The clerk wants to know when you will need everything. Explain to her that you are leaving Grenoble the day after tomorrow (**après-demain**). Tell her you would like to have the clothes tomorrow afternoon.

COUP D'ŒIL SUR LA VIE

Activité 1

Read the following advertisement for a laundromat in Bayonne.

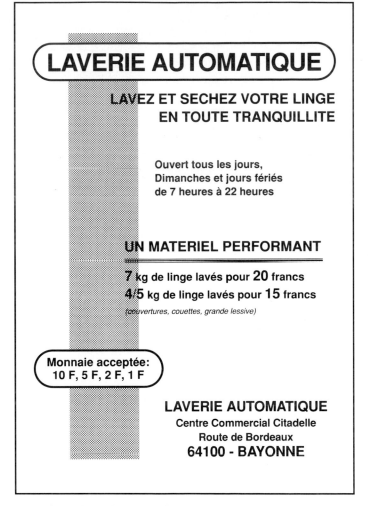

Answer the questions based on the preceding advertisement.
1. Qui lave le linge? Les employés ou les clients?
2. Qui sèche le linge?
3. On peut laver combien de linge pour vingt francs?
4. Quelles sont les pièces de monnaie que les machines à laver acceptent?
5. Quels sont les jours d'ouverture?
6. Quelles sont les heures d'ouverture?
7. Quelle est l'adresse de la laverie?

Chapitre 10
L'hôpital

Vocabulaire

Le personnel hospitalier

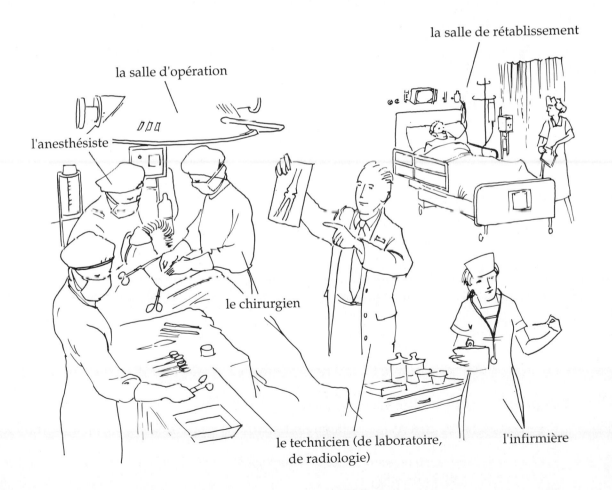

la salle de rétablissement

la salle d'opération

l'anesthésiste

le chirurgien

le technicien (de laboratoire, de radiologie)

l'infirmière

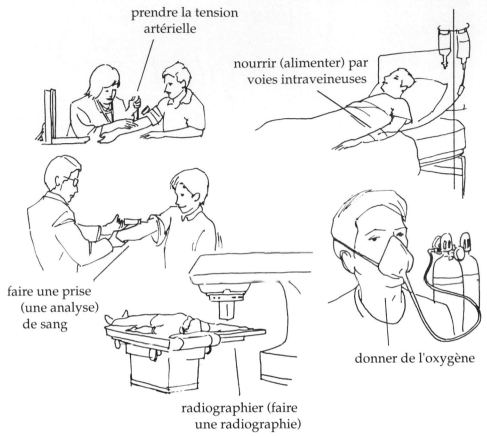

prendre la tension
artérielle

nourrir (alimenter) par
voies intraveineuses

faire une prise
(une analyse)
de sang

donner de l'oxygène

radiographier (faire
une radiographie)

Read the following:

      Le malade subit une opération.
      Le malade est allongé sur la table d'opération.
      Le malade est endormi (anesthésié).
      Le chirurgien l'opère d'une appendicite.
      Après l'opération le malade est transporté à la
         salle de rétablissement.   *recovery room*
      Si sa condition est grave, il est transporté au
         service de réanimation.   *intensive care*

Exercice 1   Answer the following questions.

1. Qui opère (fait des interventions chirurgicales)?
2. Qui endort les malades avant une opération?
3. Qui fait des radiographies au service de radiologie?
4. Qui fait les analyses de sang?
5. Qui aide les médecins à l'hôpital?

Exercice 2   In your own words, give four customary pre-operative procedures.

Exercice 3   Complete the following statements.

1. Le malade va _____.
2. Il est dans _____.
3. On l'a _____.
4. Il est sur _____.
5. Le chirurgien l'opère _____.
6. On le nourrit (l'alimente) _____.
7. Après l'opération on emmène (transporte) le malade à _____.
8. On lui donne _____ pour qu'il puisse respirer facilement.

Read the following:

En France les hôpitaux (les établissements de soins polyvalents)
dépendent du Ministère de la Santé Publique. Beaucoup de ces
hôpitaux publics bénéficient des installations les plus modernes.
Il existe également des cliniques ou maisons de santé qui sont des
hôpitaux privés. Les dispensaires sont des établissements de soins
médicaux et de petite chirurgie pour les malades qui ne sont pas
hospitalisés. Il y a des dispensaires pour la lutte contre les fléaux
sociaux comme l'alcoolisme, la toxicomanie, les maladies vénériennes
et le SIDA.

En France les frais médicaux et pharmaceutiques sont remboursés à
environ 80 pour cent par la sécurité sociale. Aux Etats-Unis les malades
doivent avoir des polices d'assurance médicales pour couvrir les frais
médicaux.

Exercice 4   Give the French equivalent for each of the following expressions based on the information you just read.

1. public hospitals
2. private hospitals
3. medical care
4. medical insurance policy
5. social disorders (diseases)
6. AIDS
7. most modern equipment
8. minor surgery
9. reimbursed
10. medical expenses
11. Department of Public Health
12. drug addiction
13. multicare facilities

Exercice 5   The following are all false cognates. They look like English words, but their meanings are different. Explain in French what each of the following words means.

1. la clinique
2. la police
3. le dispensaire
4. les installations

La grossesse   *pregnancy*

Read the following:

Marie est *enceinte*.	*pregnant*
En ce moment elle est *en travail*.	*in labor*
Elle a des *douleurs (de travail)*.	*labor pains*
Elle va *accoucher* bientôt.	*deliver, give birth*
Elle est dans la *salle d'accouchement*.	*delivery room*
L'obstétricien la soigne.	
Elle a accouché d'une fille (d'un garçon).	

Exercice 6   Complete the following statements.

1. Marie va être mère. Elle est _____.
2. Avant d'accoucher, Marie a _____.
3. Elle a des douleurs quand elle est _____.
4. L'infirmière l'emmène à _____ où l'obstétricienne l'attend.
5. Elle a accouché d'_____.

SITUATIONS

Activité 1

A French-speaking friend asks you about your hospital experiences. You have quite a story to tell. Give him the following information.
1. You had an attack of appendicitis.
2. You went to the emergency room at the local hospital.
3. They told you you needed an operation.
4. A nurse took your blood pressure and a blood sample.
5. They put you on the operating table in the operating room.
6. The anesthetist gave you anesthesia.
7. In the recovery room, you woke up and found they were giving you oxygen and feeding you intravenously.
8. You were hospitalized for two days.
9. Every time you fell asleep, the nurses woke you to take your blood pressure and your temperature.

COUP D'ŒIL SUR LA VIE

Activité 1

Read the following form.

cerfa
No. 60-3676

FEUILLE DE SOINS
assurance maladie

RENSEIGNEMENTS CONCERNANT L'ASSURE(E) (1)

NUMÉRO D'IMMATRICULATION

NOM - Prénom
(suivi s'il y a lieu du nom d'époux)

ADDRESSE

CODE POSTAL

SITUATION DE L'ASSURÉ(E) A LA DATE DES SOINS

☐ ACTIVITÉ SALARIÉE ou arrêt de travail
☐ ACTIVITÉ NON SALARIÉE
☐ SANS EMPLOI ► Date de cessation d'activité
☐ PENSIONNÉ(E)
☐ AUTRE CAS ► lequel:

RENSEIGNEMENTS CONCERNANT LE MALADE (1)

• S'agit-il d'un accident? ☐ OUI ☐ NON Date de cet accident
• Si le malade est PENSIONNÉ DE GUERRE
et si les soins concernent l'affection pour laquelle il est pensionné, cocher cette case ☐

SI LE MALADE N'EST PAS L'ASSURÉ(E)

• NOM

• Prénom Date de Naissance

• LIEN avec l'assuré(e) ☐ Conjoint ☐ Enfant ☐ Autre membre de la famille ☐ Personne vivant man-talement avec l'assuré(e)

• Exerce-t-il habituellement une activité professionelle ou est-il titulaire d'une pension? ☐ OUI ☐ NON

MODE DE REMBOURSEMENT (1)

☐ VIREMENT A UN COMPTE POSTAL, BANCAIRE OU DE CAISSE D'ÉPARGNE
Lors de la première demande de remboursement par virement à un compte postal, bancaire, ou de caisse d'épargne ou en cas de changement de compte, joindre le relevé d'identité correspondant.

☐ Autre mode de paiement.

(1) Mettre une creix dans la case de la reponse exacte

J'atteste, sur l'honneur, l'exactitude des renseignements portés ci-dessus.

Sont punies d'amende ou d'emprisonnement toutes fraudes ou fausses déclarations. Articles L 409 du Code de la Sécurité Sociale. 1047 du Code Rural, 150 du Code Pénal.

Signature de l'assuré(e) ►

s 3110 c

fabrègue, saint-vniex - limoges - 9-83

Express each of the following words or expressions in French based on the form you read.

1. health insurance
2. the insured
3. the patient
4. date of treatment
5. registration number
6. check this box
7. information concerning the insured
8. method of reimbursement
9. put an X in the appropriate box

Parts of the Body (Les parties du corps)

ankle   la cheville
arm   le bras
back   le dos
bladder   la vessie
body   le corps
bone   l'os (m.)
bowels   les intestins (m.)
brain   le cerveau
breast   le sein
cheek   la joue
chest   la poitrine
chin   le menton
collarbone   la clavicule
ear   l'oreille (f.)
elbow   le coude
eye   l'œil (m.) (pl. les yeux)
eyelid   la paupière
face   la figure
finger   le doigt
foot   le pied
forehead   le front
gallbladder   la vésicule biliaire
gum   la gencive
hand   la main
head   la tête
heart   le cœur
heel   le talon
hip   la hanche

jaw   la mâchoire
joint   la jointure, l'articulation (f.)
kidney   le rein
knee   le genou
kneecap   la rotule
leg   la jambe
lip   la lèvre
liver   le foie
lung   le poumon
mouth   la bouche
muscle   le muscle
nail   l'oncle (m.)
neck   le cou
nerve   le nerf
nose   le nez
rib   la côte
shoulder   l'épaule (f.)
skin   la peau
stomach   l'estomac (m.), le ventre
temple   la tempe
thigh   la cuisse
throat   la gorge
thumb   le pouce
toe   l'orteil (m.)
tongue   la langue
tonsils   les amygdales (f.)
tooth   la dent
vein   la veine

Chapitre 11

Les activités culturelles

Vocabulaire

Le cinéma

Read the following:

On passe un film.
    Il y a un très bon film qui passe en ce moment au Cinéma Rex.
On tourne (réalise) un film.
    Beaucoup des films de Hollywood sont tournés dans des pays
    étrangers, pas à Hollywood.
On double le film. Le film est doublé.
    La version originale (VO) du film était en anglais mais on a
    doublé le film en français.

le film en exclusivité   un nouveau film qui vient de paraître
les sous-titres   la traduction de la version originale d'un film;
    les sous-titres paraîssent au bas de l'image sur l'écran

Les noms de la *distribution* paraîssent dans le *générique* ou au   *cast / credits*
    début ou à la fin des films.
Pour produire un film:
    le producteur fournit les fonds (l'argent).
    le scénariste prépare le scénario.
    le réalisateur fait la *mise-en-scène*.   *staging*
    le dialoguiste écrit le script.
Les membres de l'équipe technique sont le preneur de son,
    les cameramen et les *monteurs*.   *film editors*

Exercice 1   Answer the following questions.

1. Quel est le nom d'un cinéma près de chez vous?
2. On y passe quel film maintenant?
3. Le cinéma est permanent? Sinon, il y a combien de séances par jour?
4. On y passe de temps en temps des films étrangers?

5. Si vous voyez un film étranger, préférez-vous voir la version originale?
6. Vous aimez les films doublés?
7. Qu'est-ce que vous préférez voir, un film doublé, un film avec des sous-titres ou la version originale?
8. Quand vous décidez d'aller voir un film, qu'est-ce qui vous intéresse? Tous les acteurs ou seulement la vedette?
9. Quand vous allez au cinéma, vous lisez le générique qui paraît au début du film?

Exercice 2   Choose the correct completion.

1. On _____ de très bons films au cinéma Gaumont les Halles.
   a. tourne   b. réalise   c. passe
2. On va _____ le film car c'est un film en japonais.
   a. tourner   b. passer   c. doubler
3. Si tu ne comprends pas, tu peux lire _____.
   a. le doublage   b. les sous-titres   c. le générique
4. Sur les Champs-Elysées et sur les grands boulevards de Paris, il y a de grands cinémas où l'on passe _____.
   a. des films en exclusivité   b. des reprises   c. des sous-titres
5. On l'a doublé? —Non, j'ai vu _____.
   a. le film en exclusivité   b. une reprise   c. la version originale
6. Les acteurs et les actrices font partie de _____.
   a. la distribution   b. l'éclairage   c. l'équipe technique
7. Les noms du producteur, du scénariste, du réalisateur et du dialoguiste paraîssent dans _____.
   a. la distribution   b. l'équipe   c. le générique
8. _____ fait la mise-en-scène.
   a. Le producteur   b. Le scénariste   c. Le réalisateur
9. Le preneur de son s'occupe du son du film et les cameramen s'occupent _____.
   a. du son aussi   b. de l'image   c. de la distribution
10. Les cameramen font partie _____.
    a. de la distribution   b. de l'équipe technique   c. du scripte

Exercice 3   Who is being described?

1. C'est lui (elle) qui choisit et assemble les scènes tournées pour un film. C'est lui (elle) qui fait la bande définitive.
2. C'est le metteur-en-scène d'un film.
3. C'est lui (elle) qui s'occupe de la qualité du son du film.
4. C'est lui (elle) qui s'occupe de la qualité de l'image du film.
5. C'est lui (elle) qui écrit le script ou le dialogue du film.
6. C'est lui (elle) qui est l'auteur (l'autrice) des scénarios cinématographiques.
7. C'est lui (elle) qui s'occupe du financement du film.

Le théâtre

derrière la scène
(dans les coulisses)

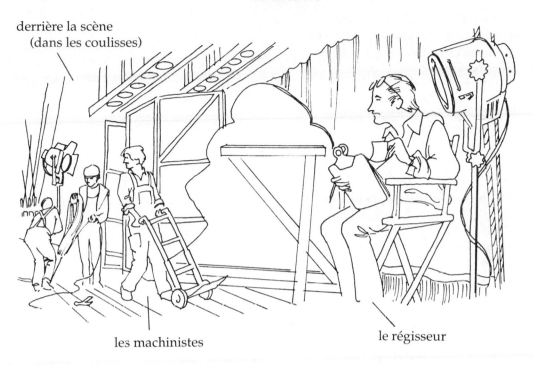

les machinistes

le régisseur

l'ouvreuse

le vestiaire

la préposée
au vestiaire

le programme

Read the following:

Cette pièce a eu un succès fou.
Cette pièce fait courir tout Paris.
Cette pièce *se joue à bureaux fermés.*   *is a box office sellout*
A Paris dimanche soir et lundi sont des jours
    de relâche. Il n'y a pas de représentation.
Cette pièce n'a eu aucun succès. Ça a été
    un four.

Exercice 4   Choose the correct completion.

1. En entrant au théâtre, on met son manteau _____.
   a. au vestiaire   b. au foyer   c. à l'ouvreuse
2. C'est _____ qui vous conduit à votre place au théâtre.
   a. la préposée   b. l'ouvreuse   c. le régisseur
3. _____ travaille au vestiaire.
   a. Le régisseur   b. L'ouvreuse   c. La préposée
4. _____ vous donne le programme.
   a. Le régisseur   b. L'ouvreuse   c. La préposée
5. L'amateur de théâtre adore aller _____.
   a. dans les coulisses   b. aux bureaux fermés   c. au vestiaire
6. Les machinistes travaillent _____.
   a. en scène   b. derrière la scène   c. sur les machines
7. _____ dirige les machinistes.
   a. Le producteur   b. Le régisseur   c. La préposée
8. Aujourd'hui il n'y a pas de spectacle. C'est _____.
   a. un jour de relâche   b. un four   c. une distribution

Exercice 5   Complete the following mini-conversations.

1. —Après le spectacle tu veux aller _____?
   —Oui, je veux voir les vedettes. Tu ne veux pas?
   —Non. Franchement, les gens du spectacle ne m'intéressent pas tellement.
   —Je trouve ça incroyable. Moi, je suis très fana du théâtre.

2. —Cette pièce a joué à bureaux fermés.
   —Tu as raison. Elle était géniale.
   —Elle a eu _____.

3. —Cette pièce était dégueulasse.
   —Absolument. C'était _____.
   —Elle n'a eu aucun succès.

SITUATIONS

Activité 1

You are in Paris and you are thinking of going to movie with a French friend.
1 Ask your friend what movie is showing.
2. Ask her what showing she wants to go to.
3. Ask her if they are showing a French film.
4. Your friend tells you that it is a French film they are showing. Ask her if they are showing the original or a dubbed version.
5. Your friend responds that since it is in Paris they are, of course, showing the original. Ask if there are subtitles.

COUP D'ŒIL SUR LA VIE

Activité 1

Read the following movie titles. Try to think of their English titles.
1. Une nuit à l'opéra
2. Rencontres avec des hommes remarquables
3. Qui a peur de Virginia Woolf?
4. Le monde selon Garp
5. La soupe au canard
6. Mort à Venise
7. Le baiser de la femme araignée
8. Chambre avec vue
9. Le dernier tango à Paris
10. Sur les quais

Activité 2

Read the following synopsis of a movie.

Le Dernier Empereur. 2h45. Film à grand spectacle américain en couleurs.

Pékin 1908. Un enfant de trois ans devient empereur sous le nom de Pu Yi. Dieu vivant, play-boy, empereur fantoche à la solde des japonais et enfin simple jardinier après la révolution: le destin exceptionnel d'un anti-héros. Un fastueux spectacle tourné dans la cité interdite. Sacré meilleur film étranger aux Césars 88 et grand vainqueur des Oscars avec neuf récompenses.

Answer the questions in French based on the synopsis you just read.
1. How long is the film?
2. What type of person was the emperor?
3. Where was the film shot?
4. What awards did the film win?

Activité 3

Read the following synopsis of a French film.

> Camille Claudel. 2h50. Drame psychologique français en
> couleurs de Bruno Nuytten avec Isabelle Adjani.
>
> La passion, dévorante jusqu'à la folie, de Camille
> Claudel pour la sculpture et pour Rodin. Le portrait
> d'une femme en révolte contre son milieu. Une magistrale
> interprétation. Cinq Césars 1989 dont ceux du meilleur
> film, meilleure interprétation féminine, meilleur photo.

Answer the following questions based on the synopsis you just read.
1. C'est quel genre de film?
2. C'est en couleurs ou en noir et blanc?
3. Qui est le producteur?
4. Et la vedette?
5. Quel est l'argument du film?
6. Quels prix a-t-il gagnés?

Chapitre 12

Le logement

Vocabulaire

la vue imprenable

la cuisine équipée

la terrasse aménagée

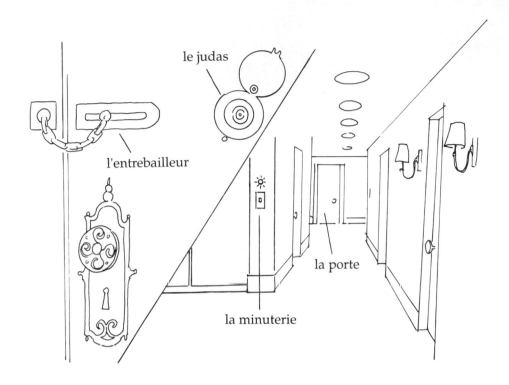

le judas

l'entrebailleur

la porte

la minuterie

Read the following:

En France quand on achète un appartement ou une maison, on l'achète (ou le [la] loue) avec la cuisine vide. Si on lit dans les annonces immobilières que la cuisine est équipée (c. eq.), cela veut dire qu'il y a au moins une cuisinière et un réfrigérateur.

Une terrasse aménagée c'est une terrasse décorée de plantes et de fleurs. Beaucoup de terrasses aux étages supérieurs ont des vues imprenables, c'est-à-dire des vues superbes, splendides.

De nos jours tout le monde a malheureusement peur des *cambriolages.* Pour cette raison il n'est pas rare que les portes d'entrée des maisons et des appartements aient un entrebailleur et un judas. Pour que la porte principale de l'immeuble s'ouvre, il faut pousser des touches pour indiquer le code de l'appartement où vous allez.

La minuterie est un petit appareil électrique avec un bouton qu'on pousse dans l'escalier ou le couloir d'un immeuble. En le poussant le couloir s'allume et on est assuré que les lumières resteront allumées pendant un laps de temps déterminé—à peu près une minute.

break-ins

Exercice 1   Give the word being defined.

1. une petite ouverture dans une porte qui vous permet de voir ce qui se passe de l'autre côté, mais—point essentiel—sans que personne ne puisse vous voir
2. un bouton qu'on pousse en entrant dans un immeuble pour allumer les lumières pour un laps de temps déterminé
3. une chaîne qui limite le mouvement d'une porte et ne permet à personne d'entrer même si la serrure est ouverte
4. une vue splendide
5. une cuisine qui a au moins une cuisinière et un réfrigérateur

Read the following:

> **le bail**   le contrat qu'on donne au locataire d'un immeuble; ce contrat lui permet d'y vivre pour un prix et un temps déterminés
>
> **la caution**   la somme d'argent que le locataire est obligé de payer au propriétaire avant d'occuper l'appartement (ou la maison)
>
> **les charges**   les dépenses d'entretien et du chauffage que le locataire ou le propriétaire (en cas d'une co-propriété) paie mensuellement ou trimestriellement au syndic
>
> **le syndic**   celui qui est désigné pour prendre soin des affaires d'une assemblée de propriétaires

Exercice 2   Complete the following mini-conversations.

1. —Si je veux louer un appartement, faudra-t-il mettre (payer) une _____?
   —Absolument! Et je crois que la _____ c'est à peu près le montant d'un trimestre de loyer.
   —C'est-à-dire le loyer de trois mois?
   —Voilà.
   —Zut! Je ne sais pas si j'aurai assez de fric.

2. —Et l'entretien de l'immeuble? Ça coûte combien?
   —Vous voulez dire les _____ mensuelles?
   —Oui.
   —Deux mille francs par mois.
   —Et le chauffage est à part?
   —Non, non. Le chauffage est compris dans les _____.
   —Et je les paie à qui?
   —Vous payez les _____ au _____.
   —Pardon. A qui?
   —Au _____. Il s'appelle M. Boivin. Il prend soin (s'occupe) des affaires de la propriété.

3. —Ah, mon Dieu! Je ne peux rien voir. Il n'y a pas de lumière.
   —Pousse la _____.
   —La _____, tu as dit?
   —Oui. Regarde, le bouton. Pousse-le et le couloir s'allumera.

4. —Cette vue est super.
   —Tu crois?
   —Ah, oui. C'est une vue _____.

la banlieue-dortoir
(métro-boulot-dodo)   la tour (le bâtiment haut)

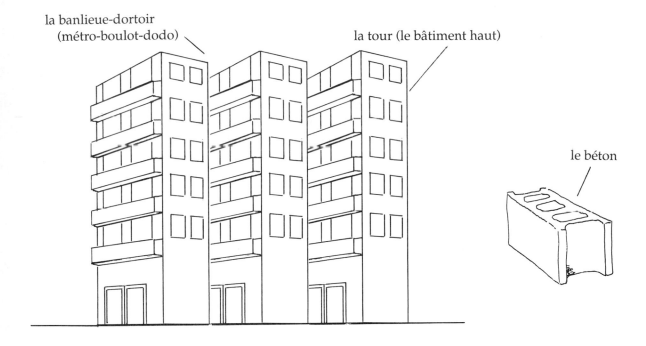

le béton

la porte coulissante

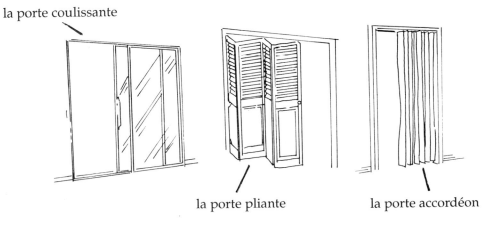

la porte pliante   la porte accordéon

Exercice 3   Complete the following paragraph.

La plupart des Français n'aiment pas du tout les _____. Ils les trouvent vraiment laides (moches) et sans âme. La banlieue-dortoir est une agglomération de _____ ou de bâtiments hauts. Elles n'ont pas de personnalité et manquent de charme. C'est pour ça qu'on les appelle métro-boulot-dodo (métro–voyager, boulot–travailler, dodo–dormir).

Exercice 4   Complete the following statements.

1. Entre la salle de séjour et la terrasse, il y a une porte _____.
2. La porte de l'armoire, c'est une porte _____.
3. La porte entre la cuisine et la salle à manger, c'est une porte _____.

SITUATIONS

Activité 1

A French couple has come to the United States for a two-year assignment. They need some help. They want to rent an apartment and they do not know how to go about it.

1. Explain to them that they should go to a real estate agency **(une agence immobilière).** When they find an apartment they like, they will have to sign a lease. They should be able to get a two-year lease without any problem. Explain to them that they will also have to give a security deposit, which will be approximately three months rent. When they leave **(abandonner)** the apartment, the security deposit will be returned to them if the apartment is in good shape.
2. The couple wants to know if they will have to pay rent monthly or quarterly. Tell them that in the United States rent is paid monthly.
3. They want to know if the fees for maintenance are included in the rent. Tell them yes, that the fees for maintaining the building are included in the rent. However, they should ask the agent if heat and electric **(l'électricité)** are included. Explain to them that sometimes the heat, electric, and gas **(gaz)** are included and sometimes not, so it is important that they ask.
4. They want to know if they return to France earlier than expected if they will be allowed to sublet **(sous-louer)** the apartment. Tell them that very often the landlord will not permit that.

COUP D'ŒIL SUR LA VIE

Activité 1

Read the following real estate advertisements **(les annonces immobilières).**

PASTEUR. Imm. pierre de t.
Dble. liv., 2 chbres, s. de bains,
s. d'eau, w.-c., cuis., chf. indiv.
6ᵉ ét., asc. Vis. SAMEDI 20 de
10 h 30 à 17 h 30, 18, rue
   du DR-ROUX. Particulier.
46.22.62.34 et 46.51.87.06.

Mᵒ Abbesses. 20, r.Yvonne-Le-
Tac. Petit 2 P., 3ᵉ ét., cuis., s. de
bains, WC, plein sud, impecc. S'pl.,
samedi, 14 h-16 h. 42.27.36.43.

TOUT PRES PL.DAUMESNIL
dans imm. Pierre de T., inter-
   phone, appt 4ᵉ ét. asc.,
60 m², entrée, salon et S. à
manger s/rue, chbre s'cour
cuis. équipée, S.de bains., wc
séparé, porte blindée, cave,
1.150.000 F, (16) 86.34.08.72.

Note that real estate advertisements in French papers have many abbreviations. In the advertisements you just read, find the abbreviation for each of the following.
1. immeuble
2. appartement
3. mètres carrés
4. sur rue
5. cuisine équipée
6. salle d'eau (de bains)
7. chauffage individuel
8. étage
9. ascenseur
10. chambres
11. double living (salon et salle à manger)
12. sur cour

Chapitre 13

Le travail

Vocabulaire

Read the following:

> Les agriculteurs travaillent la terre.
> Les ouvriers travaillent dans l'industrie.
> Les artisans sont des travailleurs indépendants qui vivent
>   du produit de leur travail.
> Les professions libérales sont les médecins, les avocats,
>   les architectes, etc.
> Les gros commerçants sont les directeurs ou les propriétaires
>   des grandes entreprises industrielles.
> Les petits commerçants sont, par exemple, les propriétaires
>   de boutiques ou de petites usines.
> Les cadres supérieurs sont les professeurs, les ingénieurs et
>   les dirigeants administratifs des entreprises.
> Les cadres moyens sont les personnels administratifs moyens
>   des entreprises, les techniciens et les assistants.
> Les employés travaillent dans les bureaux et dans le commerce.
>   Ils deviennent souvent des cadres moyens.

les cols bleus   les ouvriers
les cols blancs   les cadres

Exercice 1   To what work group would the following individuals belong?

1. le secrétaire dans un bureau de comptabilité à Lyon
2. le petit exploitant qui a une petite ferme en Normandie
3. le chirurgien qui opère dans un grand hôpital de Paris
4. l'avocat qui plaide des causes devant un juge au tribunal
5. le professeur qui enseigne dans un lycée à Nantes
6. l'administrateur ou le dirigeant d'un petit département dans une société pharmaceutique à Castres
7. le propriétaire d'une jolie boutique d'accessoires à Nice
8. le directeur de l'une des plus grandes entreprises françaises
9. l'ingénieur qui est chargé du design des autos pour la compagnie Renault

10. le technicien qui travaille dans un petit laboratoire à Annecy
11. le propriétaire d'une très grande usine à Strasbourg
12. le dirigeant administratif d'une division d'une maison d'éditions
13. un artiste qui fait des sculptures dans son atelier à Montmartre
14. le standardiste d'un hôtel à Paris

La sécurité sociale

Les bénéfices

le *régime de retraite*   retirement plan
le *régime d'assurance*   insurance plan

l'assurance santé   c'est pour les frais médicaux
l'assurance chômage   si par hasard on perd son emploi, si l'on
   est licencié
l'assurance invalidité   si par hasard on ne peut pas travailler à
   cause d'un accident ou d'un handicap
l'assurance vieillesse   pour les gens du troisième âge
cotiser   payer régulièrement de l'argent à une association, par
   exemple, cotiser à la sécurité sociale
la cotisation   la somme qu'on paie régulièrement, la contribution
prélever   prendre une certaine somme d'argent sur le total
   Les cotisations pour les régimes de retraite et d'assurance etc. *sont*   *are deducted*
   prélevées sur les salaires. Une partie est à la charge du salarié et une   *from*
   partie est à la charge de l'employeur.
les prestations   les allocations (les sommes versées, payées)
   par la sécurité sociale; également les sommes versées au
   titulaire d'une police d'assurance.
le syndicat   un groupement dont l'objectif est la protection
   des intérêts professionnels communs

l'assurance sur la vie

Exercice 2   Answer the following questions.

1. Aux Etats-Unis, est-ce que la plupart des ouvriers sont des membres d'un syndicat?
2. Et la plupart des gros commerçants, sont-ils associés à (adhérents d') un syndicat?
3. Un système de sécurité sociale existe aux Etats-Unis?
4. Les employés cotisent à la sécurité sociale?
5. Les cotisations sont prélevées sur les salaires?
6. Est-ce que la cotisation totale est à la charge du salarié?

Exercice 3 Identify the type of insurance being discussed.

1. M. Rambouillet a reçu un remboursement partiel des services médicaux dont il avait besoin pendant qu'il était malade.
2. Mme Dumas ne peut plus travailler car elle a été victime d'un accident qui l'a laissée handicapée. Par conséquent elle reçoit des prestations mensuelles.
3. M. Villeroi a été licencié il y a deux mois et on lui verse une allocation mensuelle pendant qu'il est à la recherche d'un autre emploi.

Exercice 4 Answer personally.

1. Vous travaillez maintenant? Sinon, qu'est-ce que vous pensez faire?
2. Vous préférez travailler pour une petite société, pour une grande entreprise ou pour vous-même? Pourquoi?
3. Quelle est votre opinion au sujet des syndicats? Pourquoi?
4. Vous êtes le titulaire de plusieurs polices d'assurance?
5. Quelles assurances avez-vous?

SITUATIONS

Activité 1

You are visiting a French family in Bordeaux. They want to know something about the social security system in the United States. Tell them what you know.

COUP D'ŒIL SUR LA VIE

Activité 1

Read the following, which appeared on a test given to foreign students studying French in France. The question deals with a common problem in the work place in both the United States and France.

SUJET N° 1
Une nouvelle réglementation est applicable dans l'entreprise française où vous effectuez un stage: elle interdit de fumer dans les bureaux partagés par plusieurs personnes. Votre poste de travail étant justement dans un bureau où travaillent plusieurs «grands fumeurs», vous leur avez demandé de ne pas fumer, mais n'avez obtenu satisfaction que pendant quelques heures.

Vous écrivez donc une lettre au Directeur de votre service pour demander ou proposer une solution, sans trop critiquer vos collègues fumeurs, avec qui vous avez par ailleurs d'excellents rapports.

In a diplomatic way, try to do what the test item asks, either orally or in writing.

Give the French equivalent for each of the following.
1. a new regulation
2. French enterprise
3. an apprenticeship
4. shared offices
5. work station
6. department head

Chapitre 14

Le temps

Vocabulaire

l'orage (la tempête)

le crachin (la bruine, la giboulée)

le brouillard

Read the following:

l'averse   une pluie subite et abondante
l'ondée   une grosse pluie subite et passagère *(downpour)*
la giboulée   une pluie soudaine et de courte durée, souvent accompagnée de grêle;
    assez fréquente aux mois de mars et d'avril
l'orage   une perturbation atmosphérique violente accompagnée de rafales de vent,
    averses, éclairs et tonnerre
la tempête   une perturbation un peu moins violente qu'un orage
le crachin   une petite pluie fine et pénétrante
la bruine   une petite pluie fine et froide
le brouillard   des gouttelettes d'eau dans l'atmosphère (comme un nuage) qui limitent
    la visibilité
la brume   la brume est moins épaisse que le brouillard
l'éclaircie   un endroit clair dans un ciel nuageux ou brumeux
s'éclaircir   devenir plus clair
    Le ciel s'éclaircira et deviendra ensoleillé.
la rafale   un coup de vent violent et rapide
il pleut à verse   il pleut beaucoup

The following are cognates you will frequently find in weather forecasts:

variable	**la précipitation**
instable	**la température**
local	**se développer**
isolé	**se dissiper**

Exercice 1   Answer the following questions.

1. Les giboulées arrivent en quels mois?
2. Quelle est la différence entre une tempête et une ondée?
3. Quelle est la différence entre la bruine et la brume?
4. Qu'est-ce qu'on peut prévoir plus facilement, une averse ou un orage?

Exercice 2   Give another word for each of the following.

1. le brouillard
2. la précipitation
3. devenir clair
4. la tempête
5. le crachin
6. la brume

Exercice 3 Complete the following statements.

1. Le temps change d'un moment à l'autre. Il est très _____.
2. Matinée nuageuse (brumeuse), mais l'après-midi il y aura des _____.
3. Ce soir il y aura des baisses de _____.
4. Matinée ensoleillée, mais l'après-midi se _____ des nuages.
5. Demain les nuages se _____ et donneront place au soleil.
6. Ici au printemps il pleut beaucoup. Il pleut _____.
7. Cet après-midi, il y aura des averses isolées, des averses _____.
8. Le temps est vraiment très _____. Je crois que nous aurons des orages.

SITUATIONS

Activité 1

You are speaking with a young French-speaking friend who is coming to live in the United States as an exchange student this year. She tells you where she will be living. She wants to have some idea of what the weather is like in that area. Describe the weather to her.

Activité 2

Listen to the weather forecast for today. Explain in French what the weather will be like today.

COUP D'ŒIL SUR LA VIE

Activité 1

Read the following weather forecast from the Paris paper *Le Figaro*.

Météo

Orages sporadiques et chaleur
Aujourd'hui
Région parisienne: Ce matin les brumes seront présentes
surtout dans les vallées. Elle se dissiperont assez rapidement
pour laisser la place au soleil dans un ciel assez brumeux. Il fera de 24° à 28°.

Ailleurs: Sur les régions voisines de la Manche, le matin sera très
brumeux et le soleil ne fera son apparition que tard le matin, dans un
ciel qui restera brumeux. Il fera de 20° à 22°.

Sur l'Aquitaine, le Midi-Pyrénées, le Poitou, le Limousin, la matinée sera
assez belle, mais en cours d'après-midi, des nuages vont se développer en
donnant en milieu d'après midi des orages isolés, entraînant des baisses
locales de la température. Il fera de 24° à 27°.

Sur le reste du pays après la dissipation des brumes matinales, il
fera beau et chaud. Au cours de l'après-midi des passages nuageux se
produiront temporairement, surtout localisés sur le Massif central, les
Alpes. Il fera de 22° à 28°.

Demain
Sur toute la moitié ouest, la matinée sera brumeuse mais ensoleillée.
Des nuages orageux se devélopperont en cours d'après-midi et iront
jusqu'à Finisterre, en donnant des orages isolés. Sur le reste du pays,
après la rapide dissipation des brumes et des brouillards du matin, le
soleil s'imposera parfois dans un ciel brumeux. Quelques nuages isolés
se formeront en l'après-midi sur le relief.

Give the French version of each of the following statements based on the weather forecast
you just read.
1. The clouds will break up, giving way to sunshine.
2. Clouds will develop during the afternoon, giving way to some isolated storms.
3. These clouds and storms will bring with them a drop in the temperature.
4. Some scattered clouds will form in the afternoon.

Activité 2

Read the following weather forecast, which appeared in the newspaper *Journal français
d'Amérique.*

La sécheresse que connaît la France depuis des mois
va-t-elle enfin se terminer? Des perturbations commencent
en tout cas à s'approcher de la Bretagne et des côtes de la
Manche. Sur la Bretagne, les Pays de Loire et la Normandie,
le ciel sera couvert et faiblement pluvieux. Les nuages
resteront nombreux et pourront être accompagnés d'averses,
surtout sur les côtes. Des éclaircies plus larges apparaîtront
en Ile-de-France et les Ardennes, le ciel sera de plus en plus
nuageux et les pluies débuteront. Sur le reste du pays, brumes
et brouillards laisseront la place à un temps assez ensoleillé.

Answer the following questions based on the forecast you just read.
1. Qu'est-ce qui va se terminer?
2. Qu'est-ce qui commencera?
3. Il pleuvra à verse en Bretagne?
4. Il y aura beaucoup de nuages où?
5. Les pluies commenceront où?

Activité 3

Read the weather forecast for
tomorrow. After you have
read it, tell your French-speaking
companion with whom you are
traveling what weather to expect
tomorrow.

Say each of the following in
a different way based on the
weather forecast you just read.

1. il y aura du soleil
2. le ciel sera assez couvert
   mais pas entièrement
3. il y aura des tempêtes
   assez sévères
4. le temps va changer
5. il y aura beaucoup de
   pluie

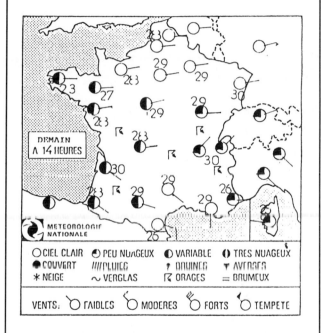

DEMAIN

Sur toute la moitié ouest, la
matinée sera brumeuse mais ensoleillée. Des nuages orageux se
développeront en cours d'après-midi et iront jusqu'au Finistère, en
donnant des orages isolés. Sur le reste du pays, après la rapide
dissipation des brumes et des brouillards du matin, le soleil
s'imposera parfois dans un ciel brumeux. Quelques nuages isolés se
formeront en cours d'aprè-midi sur le relief.

DEMAIN
A 14 HEURES

MÉTÉOROLOGIE
NATIONALE

○ CIEL CLAIR   ◐ PEU NUAGEUX   ◑ VARIABLE   ◕ TRÈS NUAGEUX
● COUVERT   //// PLUIES   ↑ BRUINES   ▼ AVERSES
✳ NEIGE   ∼ VERGLAS   ↹ ORAGES   ═ BRUMEUX

VENTS: ○ FAIBLES   ○ MODÉRÉS   ○ FORTS   ○ TEMPÊTE

Pression atmosphérique à Paris, le 19 mai à 14 heures :
765,4 millimètres de mercure, soit 1 020,4 hectopascals.
Renseignements astronomiques pour le 20 mai (exprimés en
heure légale française, base d'observation Paris) :
Soleil. − Lever : 6 h 05 ; passage au méridien : 13 h 47 ;
coucher : 21 h 30 ; durée du jour : 15 h 25.
Lune (pleine lune). − Lever : 21 h 58 ; passage au méridien :
0 h 54 ; coucher : 5 h 14.

Social Situations:
Saying the Right Thing

Chapitre 15

Les présentations

Expressions utiles

Prior to introducing someone to another person, you may wish to find out if the individuals know one another. You could ask:

Christian, tu connais (vous connaissez) Richard?

If the person responds **Non,** you would continue to introduce the people by saying:

Christian, je te (vous) présente Richard.
Richard, (c'est) Christian.

When you are introduced to someone, you often express pleasure at having met the individual:

Je suis heureux (heureuse) de vous connaître.
Je suis content(e) de vous connaître.

A somewhat more formal expression is:

Je suis enchanté(e) de faire votre connaissance.

Some rather informal expressions are:

Enchanté(e).
C'est un plaisir.
Bonjour.
Salut.

Exercice 1   Do the following.

1. Ask Marie if she knows Chantal.
2. Marie says she does not. Introduce them.

Exercice 2   Carry out the following.

1. You have just been introduced to the president of a large company or organization. Express your pleasure.
2. You have just been introduced to a friend of your best friend. Express your pleasure at meeting her.
3. You have just been introduced to your friend's parents. Express your pleasure at meeting them.

Chapitre 16

Inviter

'Expressions utiles

If you wish to invite someone to do something or to go somewhere, you may ask the following questions to find out if the person would like or would be able to accept the invitation:

> **Vous êtes (Tu es) libre ce soir?**
> **Vous êtes (Tu es) pris(e) ce soir?**
> **Vous avez (Tu as) quelque chose à faire samedi?**
> **Qu'est-ce que vous faites (tu fais) samedi?**
> **Si vous n'avez (tu n'as) rien à faire, voulez-vous (tu veux) _____?**

Exercice 1   Carry out the following.

1. Ask a friend if she is free on Friday.
2. Ask a friend if she has something planned for Saturday.
3. Ask a friend what she is doing tonight.
4. Ask a friend if he is free on Friday and if he would like to go to a restaurant.

Exercice 2   Carry out the following.

1. Tu veux aller au cinéma. Invite quelqu'un.
2. Tu ne veux pas rester chez toi dimanche. Demande à un ami(une amie) s'il (si elle) veux sortir.
3. Tu as envie d'aller au théâtre. Demande à un copain (une copine) s'il (si elle) veut y aller avec.

When extending an invitation, use the verb **inviter** with discretion; the verb **inviter** indicates that you intend to pay.

> **Je vous invite à prendre un verre.**

The meaning conveyed here is "I invite you to have a drink with me and it will be my treat." If you prefer to merely propose or suggest **(proposer ou suggérer)** something, you could ask:

> **Vous voulez (Tu veux) prendre un verre?**

If someone extends an invitation to you and you wish to accept the invitation, you can respond with one of the following expressions:

Avec plaisir.	**C'est chouette.**
Ça me ferait très plaisir.	**Pourquoi pas?**
C'est une bonne idée.	**D'accord.**
C'est sympa.	**Volontiers.**

Exercice 3   Respond favorably to the following invitations.

1. Tu veux aller au cinéma?
2. On va prendre un verre.
3. Tu aimerais aller danser?
4. Je t'invite à dîner au restaurant ce soir.
5. On va à «Chez Pauline» ce soir. Je t'invite.

When answering the question **Vous êtes libre?,** you must be careful. Once you have responded **Oui,** it is difficult to turn down the invitation. If you are not sure you want to accept the forthcoming invitation, you would respond with one of the following expressions to allow you the opportunity to stall:

> **C'est très gentil mais je ne sais pas.**
> **Je crois que j'ai un rendez-vous.**
> **je ne suis pas libre.**
> **je suis pris(e).**

If you know the person well, you can be open and get more information before you give a definite response:

> **Ça dépend. Qu'est-ce que tu veux faire?**
> **Peut-être. Mais qu'est-ce que tu proposes?**

Communication

ANETTE   Charles, tu es libre ce soir?
CHARLES   Oui, je n'ai rien à faire.
ANETTE   Tu veux aller au cinéma?
CHARLES   C'est chouette. On passe quel film?

Exercice 4   Answer the questions based on the preceding conversation.

1. Charles est libre?
2. Il a quelque chose à faire?
3. Charles veut aller où?
4. Il accepte l'invitation d'Anette?

JACQUES   Marie, qu'est-ce que tu fais samedi?
MARIE   Samedi? Rien.
JACQUES   Alors je t'invite à dîner au Taillevent.
MARIE   Au Taillevent? Ça me ferait très, très plaisir.

Exercice 5   Answer the questions based on the preceding conversation.

1. Samedi, qu'est-ce que Marie va faire?
2. Jacques l'invite où?
3. Elle accepte?

PHILIPPE   Carole, tu fais quelque chose vendredi?
CAROLE   Vendredi? Je ne sais pas.
PHILIPPE   Je voudrais t'inviter aller voir une opérette
             au Théâtre Municipal.
CAROLE   Ça me semble très chouette mais je crois
             que j'ai rendez-vous avec mon amie Thérèse.
             Je vais lui téléphoner.
PHILIPPE   D'accord. Et dès que tu sauras tu peux me
             donner un coup de fil.

Exercice 6   Answer the questions based on the preceding conversation.

1. Carole est libre vendredi?
2. Elle dit qu'elle ne sait pas. Pourquoi?
3. Philippe veut aller où?
4. Carole va téléphoner à qui? Pourquoi?
5. Elle va donner un coup de fil à Philippe?
6. Quand?

THERESE	Michel, si tu es libre dimanche, tu veux faire quelque chose?
MICHEL	Ça dépend. Qu'est-ce que tu proposes?
THERESE	S'il fait beau j'aimerais passer la journée à Saint-Lo.
MICHEL	Super! Et s'il fait mauvais?
THERESE	On peut aller au cinéma si tu veux.
MICHEL	Pourquoi pas? De toute façon on se verra dimanche.

Exercice 7 Answer the questions based on the preceding conversation.

1. Michel est libre dimanche?
2. Avant d'accepter, qu'est-ce qu'il veut savoir?
3. Qu'est-ce que Thérèse veut faire?
4. Et qu'est-ce qu'elle propose si par hasard il ne fait pas beau?
5. Michel est d'accord?

SITUATIONS

Activité 1

A business associate whom you do not know well asks you if you are free this evening.
1. You know that you would definitely like to accept the forthcoming invitation. Answer the person.
2. You are not yet sure if you would like to accept the invitation that is coming. Give a response that will stall the person and give you the opportunity to make up your mind.

Activité 2

A good friend asks you if you are free on Saturday.
1. You know you are going to be free. Answer the person.
2. You are probably going to be free, but you want some more information before you commit yourself. You want to know what your friend is planning. Find out.

Activité 3

You are speaking with a friend and you would like to do something over the weekend.
1. Ask the person if he is free on Saturday.
2. Ask the person if he would like to go to a restaurant.
3. Let the person know that you intend to pay for the evening. Say something that will convey this message.

Chapitre 17

Refuser une invitation

Expressions utiles

If you wish to turn down an invitation in a polite way, you may respond to the invitation with one of the following expressions:

Vous êtes très aimable, mais je suis désolé(e). Je ne suis pas libre.
Je ne peux pas.
Je suis pris(e).
J'ai beaucoup de choses à faire.

If you know the person well and just want to give a blunt refusal, you can say:

Merci, mais je ne veux pas.
Non, je ne veux pas.
Merci, mais je n'ai pas envie.

Exercice 1   Someone you prefer not to be with asks you the following questions. Respond.

1. Tu es libre demain?
2. Tu es pris(e) pour le week-end?
3. Tu veux sortir demain soir?
4. Tu voudrais prendre un verre?

Exercice 2   Answer negatively.

1. Tu peux sortir ce soir?
2. Tu veux aller au cinéma?
3. Tu as envie d'aller au théâtre?
4. Tu es libre?

Communication

GILBERT	Yvette?
YVETTE	Oui?
GILBERT	Tu veux aller dîner au «Train bleu» demain soir?
YVETTE	Ah, Gilbert. C'est très gentil de ta part. Mais je suis désolée, je ne peux pas.
GILBERT	Tu es occupée?
YVETTE	Oui. Malheureusement j'ai beaucoup de choses à faire.
GILBERT	C'est dommage. Mais je te téléphonerai de nouveau.
YVETTE	D'accord, Gilbert. Et merci.

Exercice 3   Correct the false statements based on the preceding conversation.

1. Yvette est libre demain.
2. Elle accepte l'invitation de Gilbert.
3. Elle peut accompagner Gilbert.
4. Elle ne peut pas sortir avec lui car elle est déjà prise.
5. Gilbert est fâché et il ne va pas lui retéléphoner (la rappeler).

SITUATIONS

Activité 1

Someone has just invited you to go to a function Saturday evening. You really do not want to go. Turn down the invitation tactfully. Explain to the person that you are really sorry but you cannot go. You are not free that evening; you have a previous engagement.

Chapitre 18

Les remerciements

Expressions utiles

When you wish to thank someone for having done something, you can use one of the following expressions:

> **Merci, Madame (Monsieur, Mademoiselle).**
> **Je vous remercie.**
> **Je vous remercie mille fois.**
> **Je vous remercie de m'avoir tellement aidé(e).**

When you wish to tell someone how nice it is or was of her or him to have done something, you could say:

> **Vous êtes (Tu es) très gentil(le).**
> **Vous êtes (Tu es) très aimable.**
> **C'est très gentil de votre (ta) part.**

Exercice 1   Do the following.

1. Say "Thank you" to someone.
2. Tell someone it was very nice of her to have done something.
3. Thank someone for having told you something.
4. Tell someone you want to thank him a great deal.

If someone extends thanks to you, you may respond politely with one of the following expressions:

Ce n'est rien.
Je vous en prie.
Il n'y a pas de quoi.

Slightly less formal variants of the preceding expressions are:

De rien.
Pas de quoi.

Exercice 2   Respond to the following.

1. Merci, Paul. Vous êtes très gentil.
2. C'est très gentil de votre part.
3. Mille fois merci, mon frère.
4. Je vous remercie, Madame (Monsieur).

Chapitre 19

Ce qu'on aime

Expressions utiles

In French, as in English, there are several expressions to convey the ideas *to like* or *to appreciate*. Note the similarity of many of the French words to their English equivalents:

J'aime ton nouveau blouson.
J'adore ton petit chien. Qu'est-ce qu'il est mignon!
Moi, j'apprécie la musique classique.

Exercice 1   Complete the following mini-conversations.

1. —Qu'est-ce qu'il est mignon ton chien.
   —Tu crois? Je l'_____ cette bête.
   —Ce n'est pas difficile. Il est adorable.

2. —Tu l'as remercié? Pourquoi?
   —Il a fait beaucoup pour moi et franchement j'_____ tous ses efforts.

3. —Tu _____ le chocolat?
   —Oui, je l'_____. Mais je ne le mange pas. Je n'ai pas envie de grossir.

Exercice 2   Answer the following questions.

1. Quelles sont trois choses que vous aimez?
2. Et trois choses ou personnes que vous adorez?
3. Et trois choses que vous appréciez?

The verb **aimer** can mean *to like,* but it can also be used to express *love.* Note the following sentences:

Il aime Thérèse.
Il aime bien Pierre.

In the first sentence, **aimer** is used alone, and, in this case, it means *love.* In the second sentence, **bien** has been used with **aimer,** and the idea conveyed is that he likes Pierre. When adverbs other than **bien,** such as **énormément** or **beaucoup** are used with **aimer,** the meaning can be either *to like* or *to love,* depending on the context.

Exercice 3   Give the French equivalent for each of the following.

1. Claude loves Françoise.
2. Claude likes his friend Christian.

There are many adjectives you can use in French to describe things that you really like. Some are:

formidable	**magnifique**
extraordinaire	**génial**
superbe	**sensationnel**
merveilleux	

Less formal expressions that are very frequently used are:

chouette	**géant**
super	**terrible**
extra	**sensas**

Exercice 4   Recreate the following conversation, substituting five different expressions for **très bien.**

—Tu as vu le film?
—Oui, je l'ai beaucoup aimé.
—Moi aussi. Il m'a plu. Je l'ai trouvé très bien.

The following are informal expressions you will frequently hear people use to express what they like or are really crazy about:

Je suis très fana de gymnastique.
Je suis dingue du jazz.

Note that **dingue** (or **dingo**) is a fun word that is used in many different contexts:

Elle est dingue de cette musique.	*She's crazy about this music.*
Ce mec est dingue de cette nana.	*This guy is crazy about (nuts over) that gal.*
Il devient dingue quand il la voit.	*He goes nuts (ape, bananas, bonkers) every time he sees her.*
Cette histoire est dingue.	*That story is crazy* (in the sense of unbelievable).
Il est dingue ce mec.	*That guy's crazy (nuts).*

Exercice 5 Express the following in French.

1. *He's nuts, and she's nuts, too.*
   Il est _____ et elle est _____ aussi.
2. *She's crazy about that guy.*
   Elle est _____ de ce mec.
3. *I know. He flips out every time he sees her.*
   Je le sais. Il devient _____ quand il la voit.
4. *The whole thing's crazy. I can't believe it.*
   C'est _____ ça. Franchement je le trouve incroyable.

Chapitre 20

Les antipathies et le

mécontentement

Expressions utiles

If you wish to say that you do not like something, you can use the following expressions:

> **Je n'aime pas ce garçon.**
> **Il ne me plaît pas du tout.**
> **Il me déplaît.**
> **Franchement je le déteste.**

Informal expressions you can use to say you do not like something are:

> **Je ne suis pas fana de boxe.**
> **Ce mec n'arrête pas de parler pour ne rien dire. Il me rend dingue (fou, folle).**
> **Ça me laisse froid(e).** *(or)* **Ça me laisse de glace.**
> **Ça ne me fait rien.**

Exercice 1   Tell five things you do not like.

Some adjectives you may use to describe something you do not like because you think it's awful or disgusting are:

désagréable   effrayant
affreux   épouvantable
horrible   dégoûtant

Exercice 2   Respond with either **J'aime ça** or **Je déteste ça.**

1. Ce disque est épouvantable.
2. Cette musique est sublime.
3. Sa voix est horrible.
4. Je trouve sa voix charmante.
5. Ces bruits sont effrayants.
6. Tu crois? Je les trouve très agréables.
7. Ces remarques sont dégoûtantes.
8. Ce plat est délicieux.
9. Ce plat est dégoûtant.
10. Ses manières sont épouvantables.

Expressions you can use to describe something you do not like because it does not interest you or because you find it boring are:

Ça ne m'intéresse pas.
Je trouve ça sans intérêt.
Ça m'ennuie.
C'est vraiment ennuyeux.
C'est fatigant.

Exercice 3   Complete the following mini-conversations.

1. —Je n'aime pas du tout l'histoire.
   —Le passé ne vous intéresse pas?
   —Non. Je trouve ça _____.
   —C'est dingue. Moi je trouve ça passionnant.

2. —Son ami est gentil mais le pauvre, il parle sans cesse pour ne rien dire.
   —C'est vrai. Je trouve ça très _____.
   —Il est tellement _____ que j'ai envie de dormir quand il parle.

A commonly used, informal expression that describes anything unpleasant, dull, or lacking in interest is:

C'est moche!

Two common adjectives that you will hear to describe something unpleasant or annoying are:

emmerdant
dégueulasse

Dégueulasse is considered more vulgar than **emmerdant.** You should understand the meaning of each of these words; however, it is best for foreigners to avoid using them. Rather than use **emmerdant** or **dégueulasse,** you should use **ennuyeux** or **embêtant.** Rather than **Ça m'emmerde,** you should say **Ça m'ennuie** or **Ça m'embête.**

A slang expression that means that you cannot stand someone is:

Je ne peux pas blairer ce type.

Exercice 4   Answer the following questions.

1. Pourquoi est-ce que tu ne peux pas blairer Philippe?
2. Il te rend dingue ce mec?
3. Tu trouves son comportement moche?
4. Tu le trouves embêtant?
5. Tu n'as rien à voir avec lui?

Exercice 5   Express the following in a less formal way.

1. Ces sons électriques me déplaîsent.
2. Je déteste cette musique.
3. Je la trouve affreuse.
4. Ce mec qui chante maintenant, je ne peux pas le supporter.

The verb **ennuyer** is used frequently in French. However, it takes on several different meanings depending upon the context in which it is used:

Cette conférence m'ennuie.	*This speech bores me.*
Il fait des choses qui m'ennuient.	*He does things that annoy me.*
Ça m'ennuie de vous demander de l'argent.	*It bothers (upsets) me to ask you for money.*
Ça m'ennuie de refaire ce que je viens de faire.	*I don't like to redo what I have just done.*

Exercice 6   What is the English equivalent for **ennuyer** in each of the following sentences?

1. Il m'ennuie avec ses bêtises et il le sait.
2. Ses histoires tristes m'ennuient.
3. Ce cours m'ennuie.
4. Ça m'ennuie de te demander de me faire ça.
5. Ça m'ennuie de te déranger comme ça.
6. Ça m'ennuie de faire la même chose deux fois.

When something bothers, annoys, or angers you, you can use the expressions below. The degree of annoyance or anger is indicated by the illustrations:

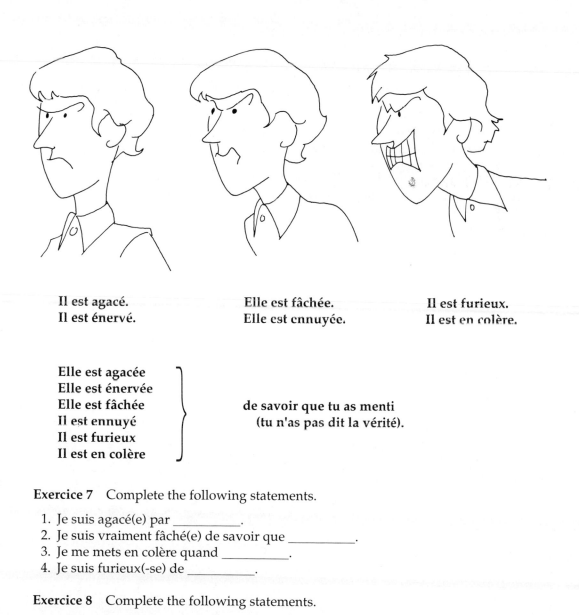

Il est agacé.
Il est énervé.

Elle est fâchée.
Elle est ennuyée.

Il est furieux.
Il est en colère.

Elle est agacée
Elle est énervée
Elle est fâchée
Il est ennuyé
Il est furieux
Il est en colère
} **de savoir que tu as menti**
(tu n'as pas dit la vérité).

Exercice 7   Complete the following statements.

1. Je suis agacé(e) par _____.
2. Je suis vraiment fâché(e) de savoir que _____.
3. Je me mets en colère quand _____.
4. Je suis furieux(-se) de _____.

Exercice 8   Complete the following statements.

1. Je connais bien mon prof de français. Il sera fâché si je _____.
2. Mes parents deviennent furieux quand _____.
3. Ça m'ennuie quand mes amis _____.

Exercice 9 Answer personally.

1. Tes copains t'agacent de temps en temps?
2. Qu'est-ce qu'ils font pour t'agacer?
3. Si tu est fâché(e) contre quelqu'un, tu lui dis pourquoi?
4. Et toi, tu ennuies tes amis de temps en temps?
5. Comment ça?

The following are some informal expressions you will hear people use to express
displeasure, annoyance, or anger.

Il me répète mille fois la même chose. Ça me casse les pieds.
C'est pas la joie.
C'est pas marrant.
Dix fois la même chose! J'en ai marre. C'est fini.
Je proteste contre ses accusations qui sont tellement injustes.
Elle rouspète tout le temps.
C'est pas réglo tout ça.
Je suis furax (furibard).
J'en ai marre.

Exercice 10 Complete the following monologue.

Je sais que tu me taquines et que tu ne me dis pas la vérité. Tu trouves ça amusant mais
ce n'est pas _____, tu sais. Ça me casse _____ et j'en ai _____. Je suis
_____ contre toi. Je ne peux plus supporter tes bêtises. J'en ai assez.

Exercice 11 Restate each of the following in a less formal way.

1. Je suis furieux contre toi.
2. Je ne trouve pas ça bien.
3. Ça m'ennuie vraiment.
4. Je suis en colère.

Chapitre 21

L'accord

Expressions utiles

The following are expressions that can be used to indicate that you are in agreement with someone:

> **Je suis d'accord avec vous (toi).**
> **Je suis d'accord.**
> **Je suis de votre (ton) avis.**
> **Il n'y a pas de doute.**

If an idea or suggestion suits you, you may say:

> **D'accord. Ça me convient.**

More informal expressions to convey your agreement are:

> **OK.**
> **Ça colle.**
> **Ça (me) va.**

Exercice 1   Agree with the following statements.

1. Le surpeuplement dans les pays en voie de développement est un problème sérieux.
2. La pollution ambientale c'est un problème universel.
3. Il existe beaucoup de problèmes économiques dans les pays en voie de développement.
4. Il vaut mieux vivre dans une région où le climat est doux.
5. La guerre ne peut jamais résoudre aucun problème.
6. On doit faire tout le possible pour que la faim dans le monde soit supprimée.
7. L'Etat doit subventionner les universités pour que les frais d'inscription soient moins élevés.
8. On devrait permettre aux jeunes d'obtenir leur permis de conduire à l'âge de quinze ans.

When a person makes a statement with which you wish to agree, you can give one of the following responses:

Oui.	Exactement.
C'est vrai.	Parfaitement.
Absolument.	Effectivement.
C'est évident.	Bien entendu.
Tout à fait.	Bien sûr.
Sans aucun doute.	Vous avez (Tu as) tout à fait raison.

If you wish to agree, but not wholeheartedly, you could use one of the following expressions:

Peut-être.	Si vous voulez (tu veux).
C'est possible.	Si vous le dites (tu le dis).
Pourquoi pas?	Vous croyez (Tu crois)?
On verra.	Oui, mais _____.

Exercice 2   Indicate your weak or possible agreement to the following statements.

1. Je sais qu'il sera millardaire.
2. Ils vont certainement se marier.
3. Le dollar va être en hausse.
4. L'année prochaine elle sera à la retraite.
5. Les démocrats vont gagner les élections.
6. L'enseignement de notre pays est absolument le meilleur du monde.

Chapitre 22

Le désaccord

Expressions utiles

In order to express your disapproval of a statement, you can use one of the following expressions:

> **Je ne suis pas d'accord.**
> **Je suis contre cette idée.**
> **Je ne suis pas convaincu(e).**

More informal ways of expressing disagreement are:

> **Je ne marche pas.**
> **Moi, je suis contre.**
> **C'est fou (dingue).**
> **Tu n'est pas sérieux(-se).**
> **Tu rigoles.**
> **Tu te fiches de moi.**

Exercice 1   Express your disagreement with each of the following statements.

1. C'est le meilleur président que nous ayons eu.
2. Je vais mettre de côté la moitié de mon salaire.
3. On va construire une autoroute au centre de la ville.
4. L'année prochaine il y aura classes le samedi.
5. Elle va vendre toutes ses actions (*stocks*).
6. Il va essayer de faire le tour du monde en bâteau à voile en solitaire.
7. Le nouveau système scolaire va nous donner une meilleure formation professionnelle.

When someone makes a statement and you want to disagree with it completely, you can use one of the following expressions:

Ça c'est à voir.
Absolument pas.
Pas du tout.
Il n'en est pas question.
Pas question!
(C'est) hors de question.

Exercice 2   Express your disagreement with the following statements.

1. L'année prochaine il y aura des cours le samedi.
2. Et on va supprimer les vacances d'été.
3. Il n'y aura plus de notes.
4. Le nouveau ministre des finances va changer le système de sécurité sociale.
5. Il va baisser les taxes (impôts).

Chapitre 23

Féliciter

Expressions utiles

Expressions you may wish to use to congratulate someone are:

Félicitations!
Je vous (te) félicite.

In a rather informal exchange you may say:

Bravo!

After some very special news, such as an engagement or marriage, you may wish someone much happiness:

Tous mes vœux de bonheur.
Je vous souhaite tous mes vœux de bonheur.

Exercice 1   Say something to the person who gives you the following information.

1. Je vais me marier en juin.
2. Je vais être diplômé(e) en mai.
3. J'ai reçu une A en français.
4. Je viens de trouver un poste avec la Banque de France.

Communication

ANNE   Je vais être diplômée en mai.
PAUL   Incroyable! Qu'est-ce que le temps
       passe vite. C'est super. Félicitations.
       Et je vous souhaite beaucoup de succès.

Exercice 2   Do the following.

1. Congratulate someone and wish her much success.
2. Congratulate someone and wish him much happiness.

Chapitre 24

Votre opinion

Expressions utiles

If you wish to express your opinion about something, you may use one of the following expressions to introduce your statement of opinion:

Je crois que _____.
Je pense que _____.
Il me semble que _____.
A mon avis _____.
A mon avis il est évident que _____.
Il est clair que _____.
J'ai l'impression que _____.

Exercice 1   Restate each of the following to make it clear that the statement is your opinion.

1. Il va pleuvoir.
2. L'équipe de Lille va gagner.

3. Ils auront beaucoup de succès.
4. Il va être diplômé en gestion.
5. On va passer l'été à Dinard.
6. Il va continuer ses études en Europe.
7. Colette va vendre la maison et s'installer à Paris.
8. Ce projet va donner de très bons résultats.

If you wish to ask someone's opinion about something, you can ask one of the following questions:

> **Vous croyez (Tu crois)?**
> **Qu'est-ce que vous pensez (tu penses)?**
> **Il vous (te) semble que _____?**

NOTE   See also the chapters on agreeing and disagreeing.

Exercice 2   Make up your own opinion about the following topics. Then ask a friend what she or he thinks about the same topic.

1. le temps
2. la politique
3. l'école
4. le futur (l'avenir)
5. l'avortement

Communication

DIANE	Je crois que les Nantais vont gagner le championnat. Qu'est-ce que tu dis, André?
ANDRE	Moi, je ne sais pas. A mon avis les Ours de Bordeaux se sont beaucoup améliorés cette année.
DIANE	Je suis d'accord, mais il me semble que de toute façon les Nantais ont l'avantage.
ANDRE	J'ai l'impression que tu veux que les Nantais soient les champions.
DIANE	Comment peux-tu avoir une telle impression, mon frangin?

Exercice 3   In your own words, relate the opinions expressed in the preceding conversation.

Chapitre 25

Suggérer

Expressions utiles

If you wish to suggest something to someone, you can use one of the following expressions:

Je propose qu'on dîne après le théâtre.
Je suggère que vous attendiez un peu.

If you want to suggest in the sense of giving advice, you would say:

Je vous conseille de (ne pas) lui parler.

Exercice 1   Answer the following questions.

1. Tu proposes qu'on dîne après ou avant le théâtre?
2. Tu proposes qu'on visite le musée avant ou après le déjeuner?
3. Le serveur vous a proposé le menu touristique?
4. Il t'a suggéré un vin?
5. Ta mère t'a conseillé de ne pas fumer?
6. Tes parents te conseillent de recevoir ton diplôme?

The following expressions can be used to offer veiled advice in a less formal setting:

Tu peux _____.
Tu as essayé de _____?
Pourquoi ne pas _____?

Exercice 2   Complete the following mini-conversations.

1. —Je ne veux pas conduire.
   —_____ prendre le train alors?

2. —Je ne veux pas préparer le dîner.
   —_____ aller au restaurant?
   —Je ne veux pas.
   —_____ aller à BQ? Ils ont des plats à emporter.

3. —Il faut que je parle à Paul.
   —_____ de lui donner un coup de fil?

4. —Je ne veux pas qu'il le sache.

   —Alors, _____ ne rien dire à personne? De cette façon il n'en saura rien. Si tu te tais, il n'y aura personne qui puisse le lui dire.

5. —Je ne sais pas ce que je dois faire de cet enfant.

   —_____ de lui parler doucement?

Chapitre 26

Insister

Expressions utiles

When you wish to insist that something is the case, you can say:

Je vous assure que c'est le cas.
Je vous dis que c'est vrai.
Je vous jure que c'est comme ça.

Exercice 1 Complete the following mini-conversations, letting the person know that you insist that what you said is correct.

1. —Je crois qu'ils vont arriver en retard.
   —Vraiment?
   —_____.

2. —Il y aura un changement de gouvernement.
   —Tu crois?
   —_____.

3. —Il ne dit pas la vérité.
   —C'est sérieux ce que vous dites.

   —_____.

4. —Le mois prochain les taux d'intérêt vont être en hausse.
   —Oui?

   —_____.

5. —Il va être le directeur de l'entreprise.
   —Pas possible!

   —_____.

To insist that someone do something, you can say:

J'insiste que vous le fassiez.
J'exige que vous le fassiez.

Two expressions that are not as strong as the verbs **insister** and **exiger** are **demander** and **prier:**

Je vous demande de le faire.
Je vous prie de le faire.

Exercice 2 Answer the following questions.

1. On insiste que tu y ailles?
2. On insiste que tu le fasses?
3. On insiste que tu sois à l'heure?
4. On insiste que tu partes tout de suite?

Exercice 3 Complete the following statement with five things that you insist that your friend do.

J'exige que tu _____.

Exercice 4 Redo your statements in Exercise 3, softening your insistence.

Appendix

Following is a listing, arranged alphabetically by topic, for all vocabulary presented in the Communicative Topics in the book. This list also includes vocabulary presented in the other books in this series.

Le téléphone (Chapitre 1)

	answering machine	le répondeur automatique
	area code	l'indicatif régional (m.)
	busy	occupé
	busy signal	la tonalité d'occupé
	button	le bouton
	call	la communication
(to)	*call back*	rappeler, retéléphoner
(to)	*call on the telephone*	appeler par téléphone
	coin return button	le bouton de remboursement
	collect call	la communication en P.C.V.
	cordless telephone	le poste sans cordon
	credit card call	la communication par carte de crédit
(to)	*cut off*	couper
	dial	le cadran
(to)	*dial*	composer (faire) le numéro
	dial tone	la tonalité
(to)	*disconnect*	couper
	free	libre
(to)	*get a busy signal*	sonner occupé
(to)	*hang up*	quitter, raccrocher
(to)	*have a bad connection*	entendre mal
	international	international
	keypad (telephone)	le clavier (à touches)
(to)	*leave a message*	laisser un message
	line (telephone)	la ligne
	local call	la communication locale
	long-distance call	la communication interurbaine (de longue distance)
	machine	l'appareil (m.)
(to)	*make a telephone call*	donner un coup de téléphone (fil), faire un appel téléphonique
	operator	l'opérateur (m.), l'opératrice (f.), le (la) standardiste
	out of order	hors de service, en panne
	person-to-person call	la communication avec préavis
	phone card	la télécarte
(to)	*pick up (receiver)*	décrocher
	private telephone	le téléphone privé, le poste d'abonné

public telephone   le téléphone public
receiver   le combiné, le récepteur
(to)   *reconnect*   remettre en ligne
slot (for money)   la fente à monnaie
speaker telephone   le poste mains libres
static   les parasites *(m.)*
subscriber   l'abonné(e)
telephone   le téléphone;   *(apparatus)*   le poste
(to)   *telephone*   téléphoner, appeler par téléphone, donner un coup de fil
telephone book (directory)   l'annuaire *(m.)*
telephone booth   la cabine téléphonique
telephone call   l'appel téléphonique *(m.)*, le coup de fil
telephone number   le numéro de téléphone
time-and-charges call   la communication avec indication de durée et de prix
token   le jeton
toll call   la communication interurbaine
touch-tone telephone   le poste à clavier (à touches)
Who's calling?   De la part de qui?
wrong number   le mauvais numéro

La banque (Chapitre 2)

account   le compte
balance   le solde
bank   la banque, la caisse d'épargne
bankbook   le livret d'épargne
bill (money)   le billet, la coupure;   *(debt)*   la facture, la note
(to)   *borrow*   emprunter
(to)   *buy*   acheter
(to)   *buy on time*   acheter à crédit
cash   l'argent liquide *(m.)*, en espèces, en liquide
(to)   *cash*   encaisser, toucher
cashier's office   la caisse
change   le change *(transaction)*;   la monnaie *(smaller denominations)*
(to)   *change*   changer
check   le chèque
checkbook   le chéquier, le carnet de chèques
checking account   le compte-chèques, le compte-courant
coin   la pièce
credit card   la carte de crédit
current   actuel
deposit   le dépôt, le versement
(to)   *deposit*   verser, déposer
down payment   l'acompte *(m.)*, les arrhes *(f.)*

      due date   la date d'échéance
(to) *endorse* endosser
      exchange bureau   le bureau de change
      exchange rate   le cours du change
      final payment   le versement de libération, le versement final
      installment payment   le versement échelonné
      interest rate   le taux d'intérêt
      loan   l'emprunt *(m.)*
(to) *make a deposit* faire un versement, faire un dépôt
      money   l'argent *(m.)*
      monthly   mensuel
      monthly statement   le relevé mensuel
      mortgage   l'hypothèque *(f.)*
(to) *open* ouvrir
(to) *pay* payer
(to) *pay all at once* payer comptant
(to) *pay cash* payer comptant
      payment   le versement, le paiement
      percent pour cent
      percentage le pourcentage
      purchase l'achat *(m.)*
      quarter le trimestre
      sale la vente
(to) *save* économiser, épargner, mettre de côté
      savings account le compte d'épargne
(to) *sign* signer
      sum la somme
(to) *take out a loan* faire un emprunt
      time period (of a debt) la période d'amortissement
      total le montant
      traveler's check le chèque de voyage
(to) *withdraw* retirer

Un voyage en avion (Chapitre 3)

      agent l'agent
      airline la ligne aérienne
      airline terminal l'aérogare *(f.)*, le terminal
      airplane l'avion *(m.)*
      airport l'aéroport *(m.)*
      aisle le couloir
      aisle (on the) côté couloir
      arrival l'arrivée *(f.)*
(to) *arrive* arriver

arrow   la flèche
back (of seat)   le dossier
baggage claim check   le talon
baggage compartment   le compartiment à bagages
belt (baggage claim area)   la bande
blanket   la couverture
(to)   *board*   embarquer
boarding   l'embarquement *(m.)*
boarding pass   la carte d'embarquement (d'accès)
briefcase   la mallette
(to)   *buckle*   attacher
cabin crew   le personnel de cabine
(to)   *cancel*   annuler
carry-on luggage   les bagages à main *(m.)*
(to)   *check (luggage)*   faire enregistrer
city   la ville
(to)   *claim*   récupérer
computer   l'ordinateur *(m.)*
counter   le comptoir
crew   l'équipage *(m.)*
customs   la douane
(to)   *declare*   déclarer
delay   le retard
departure   le départ
departure screen   l'écran *(m.)*
destination   la destination
domestic flight   le vol intérieur
drink   la boisson
economy   économique
emergency exit   la sortie de secours, l'issue de secours *(f.)*
excursion ticket   le billet excursion
flight   le vol
flight attendant   l'hôtesse de l'air *(f.)*, le steward
foreign   étranger
free   libre
full   complet
gate   la porte
headset   l'écouteur *(m.)*
identification tag   l'étiquette *(f.)*
immigration   l'immigration *(f.)*
international flight   le vol international
landing   l'atterrissage *(m.)*
landing (on sea)   l'amerrissage *(m.)*
late   en retard

(to)   *leave*   partir
       life vest (jacket)   le gilet de sauvetage
       luggage   les bagages *(m.)*
       meal   le repas
(to)   *miss the plane*   manquer l'avion, rater le vol
       (no) smoking   (non) fumeurs
       on board   à bord
       on time   à l'heure
       originating (coming from)   en provenance de
       oxygen mask   le masque à oxygène
       passenger   le passager, la passagère
       passport   le passeport
       pillow   l'oreiller *(m.)*
       porter   le porteur
       price   le tarif, le prix
       prohibited   défendu, interdit
       reduced   réduit
       row   le rang
       seat   la place, le siège
       seat belt   la ceinture de sécurité
       seat cushion   le coussin du siège
       security control   le contrôle de sécurité
(to)   *serve*   desservir
(to)   *smoke*   fumer
       stop   l'escale *(f.)*
       suitcase   la valise
       takeoff   le décollage
       terminal   l'aérogare *(f.)*, le terminal
       ticket   le billet
       time (duration)   la durée
       toilet   la toilette
       tray table   la tablette
       trip   le voyage
       unoccupied   libre
       visa   le visa
       window (by the)   côté fenêtre
       wing   l'aile *(f.)*

La station-service (Chapitre 4)

       accelerator   l'accélérateur *(m.)*
       air filter   le filtre à air
       air pump   la borne de gonflage
       alignment   le pincement des roues
       antifreeze   l'antigel *(m.)*

battery   la batterie
brake   le frein
brake lining   la garniture de frein
(to) *brake*   freiner, mettre les freins
(to) *break down*   être en panne, tomber en panne
car   la voiture
carburetor   le carburateur
(to) *change the tire*   changer le pneu
(to) *check*   vérifier
(to) *check the oil and water*   vérifier les niveaux
(to) *clean*   nettoyer
credit card   la carte de crédit
dead (battery)   déchargé
disc   le disque
driver   le conducteur
fan belt   la courroie du ventilateur
(to) *fill up*   faire le plein
flat tire   le pneu crevé (à plat)
gas   l'essence *(f.)*
gas island   l'îlot de ravitaillement *(m.)*
gas pump   la pompe
gas station   la station-service
gas station attendant   le pompiste
gas tank   le réservoir
(to) *go (car)*   rouler
grease job   le graissage
horn   l'avertisseur *(m.)*, le klaxon
high-test (gas)   super
(to) *hold (the road)*   tenir
hood   le capot
hubcap   l'enjoliveur *(m.)*
jack   le cric
(to) *knock (motor)*   cogner
leak   la fuite
lights   les phares *(m.)*, les feux *(m.)*
liter   le litre
mechanic   le mécanicien
(to) *misfire*   avoir des ratés, rater
motor   le moteur
negative node   la borne négative
noise   le bruit
oil   l'huile *(f.)*
oil change   la vidange
oil filter   le filtre à huile

(to)   *overheat*   chauffer
(to)   *pay*   payer
    positive node   la borne positive
    pressure   la pression
(to)   *put air in the tire*   gonfler
    radial tire   le pneu radial
    radiator   le radiateur
    rearview mirror   le rétroviseur
(to)   *recharge*   recharger
    regular   ordinaire
(to)   *reline*   redresser
    repair   la réparation
(to)   *replace*   remplacer
(to)   *restart*   mettre en marche
    retread tire   le pneu rechapé
    smoke   la fumée
    spare part   la pièce de rechange
    spare tire   le pneu de rechange, la roue de secours
    spark plugs   les bougies *(f.)*
(to)   *stall*   caler
(to)   *start*   démarrer
    starter (ignition)   le démarreur
    super   super
    tail pipe   le tuyau d'échappement
    timing   l'allumage *(m.)*
    tire   le pneu
(to)   *tow*   remorquer
    tow truck   la dépanneuse, le remorqueur
    trunk   le coffre
    tune-up   le réglage
(to)   *turn*   tourner
    unleaded   sans plomb
    water   l'eau *(f.)*
    wheel   la roue
    windshield   le pare-brise
    windshield wiper   l'essuie-glace *(m.)*
    worn   usé

La conduite (Chapitre 5)

    accelerator   l'accélérateur *(m.)*
    access road   la voie d'approche
    accident   l'accident *(m.)*
    avenue   l'avenue *(f.)*
    bottleneck   le bouchon, l'embouteillage *(m.)*

(to)   *break down (car)*   tomber en panne
          breathalyzer test   l'alcootest *(m.)*
          built-up area   l'agglomération *(f.)*
          car   la voiture
(to)   *change lanes*   changer de couloir (de voie)
          city   la ville
          coin   la pièce
(to)   *collide*   tamponner, s'écraser contre
          continuous line (no passing)   la ligne continue
          corner   le coin
(to)   *cross*   traverser
          crosswalk   le passage clouté
(to)   *cut off*   faire une queue de poisson
          death (fatality)   la mort
          detour   la déviation
          direction   la direction, le sens
          directional signal   le clignotant
(to)   *do roadwork*   faire des travaux
(to)   *drive*   conduire
(to)   *drive with low beams*   rouler en code
          driver   le conducteur
          driver's license   le permis de conduire
          driving   la conduite
          driving course   le cours de conduite
          drunk   ivre, soûl
          entrance (freeway)   la voie d'approche, l'entrée *(f.)*
          exit   la sortie
          fast   rapide
          fine   l'amende *(f.)*
(to)   *flip over*   faire un tonneau
(to)   *flow*   circuler
(to)   *go (car)*   rouler
(to)   *have exact change*   faire l'appoint
(to)   *have the right-of-way*   avoir la priorité, être prioritaire
          headlights   les phares *(m.)*, les feux *(m.)*
          highway   l'autoroute *(f.)*
          horn   l'avertisseur *(m.)*, le klaxon
          hump (to slow traffic)   le dos d'âne
          in bad condition   déformé *(said of a road with many potholes)*
          injured   blessé
          intersection   le croisement, le carrefour
          island   l'îlot *(m.)*
          killed   tué
          kilometer   le kilomètre

lane   le couloir, la voie
left   la gauche
license plate   la plaque, la minéralogique
line   la file
low beams   les feux de croisement *(m.)*
main   principal
(to)   *make out (ticket)*   dresser
meter attendant   la contractuelle
motorcycle patrol cop   le motard
(to)   *park*   stationner, se garer
parking   le stationnement
parking lights   les feux de position *(m.)*
parking lot   le parc de stationnement, le parking
parking meter   le parc-mètre
(to)   *pass*   doubler, dépasser
pedestrian   le piéton, la piétonne
pileup   le carambolage
(to)   *pile up*   caramboler
prohibited parking   le stationnement interdit
rearview mirror   le rétroviseur
regulation   le règlement
restricted parking   la zone bleue
right   la droite
right-of-way   la priorité
road   la route
road surface   la chaussée
roundabout (traffic circle)   le rond-point
(to)   *run a red light*   brûler un feu
(to)   *run over*   écraser
rush hour   les heures de pointe (d'affluence) *(f.)*
seat belt   la ceinture de sécurité
secondary road   la route secondaire
shoulder (of a road)   l'accotement *(m.)*
sidewalk   le trottoir
sign   le panneau
(to)   *signal*   signaler
skid   le dérapage
(to)   *skid*   déraper
slippery   glissant
(to)   *slow down*   ralentir
(to)   *speed*   rouler vite, le pied au plancher
speed limit   la vitesse limite
spin   le tonneau
(to)   *stop*   s'arrêter

straight ahead   tout droit
street   la rue
sudden stop (jam on the brakes)   le coup de frein brusque
three-lane road   la route à trois voies (couloirs)
ticket   la contravention
token   le jeton
toll   le péage, le guichet de péage
toll road   l'autoroute à péage *(f.)*
traffic   la circulation
traffic circle   le rond-point
traffic jam   le bouchon, l'embouteillage *(m.)*
traffic laws   les règlements de circulation *(m.)*
traffic light   le feu (rouge, orange, vert)
truck   le poids-lourd, le camion
(to)   *turn*   tourner
(to)   *turn around*   faire demi-tour
two-way traffic   la voie à double circulation
vehicle   le véhicule
(to)   *walk*   marcher à pied
wounded   blessé
wrong way   le mauvais sens, le sens opposé (contraire)
(to)   *yield*   céder, laisser le passage

Le restaurant (Chapitre 6)   *(See also list of foods on pages 40-44.)*

after-dinner drink   le digestif
bad   mauvais
bill   l'addition *(f.)*, la note
bitter   aigre
bottle   la bouteille
bread   le pain
burned   brûlé
butter dish   l'assiette à beurre *(f.)*
champagne goblet   la coupe à champagne
cheese   le fromage
chef   le cuisinier
(to)   *choose*   choisir
clean   propre
(to)   *coat lightly*   arroser
cocktail   l'apéritif *(m.)*
coffee   le café
cold   froid
cream   la crème
credit card   la carte de crédit
cup   la tasse

daily special   le plat du jour
dessert   le dessert
dinner   le dîner
dinner plate   l'assiette (f.)
dirty   sale
drink   la boisson
expresso   la demi-tasse, l'express (m.)
first course   l'entrée (f.)
fish   le poisson
fixed price   le prix fixe
fork   la fourchette
fowl   la volaille
fruit   le fruit
game   le gibier
hors d'oeuvre   le hors-d'œuvre
hot (spicy)   épicé
knife   le couteau
meal   le repas
meat   la viande
medium (cooked)   à point
menu   le menu
mineral water   l'eau minérale (f.), noncarbonated   plate; carbonated   gazeuse
napkin   la serviette
overcooked   trop cuit
(to)   pay   payer
pepper   le poivre
pepper shaker   la poivrière
place setting   le couvert
rare   saignant; very rare   bleu
(to)   recommend   proposer
reservation   la réservation
(to)   reserve   réserver
restaurant   le restaurant
rotten   pourri, avancé, gâté, avarié, tourné
salt   le sel
salt shaker   la salière
salty   salé
sauce   la sauce
saucer   la soucoupe
sauerkraut   la choucroute
service   le service
shellfish   les crustacés (m.), les coquillages (m.), les fruits de mer (m.)
(to)   smell   sentir
soft   mou

soup   le potage, la soupe
soup dish   l'assiette à soupe *(f.)*
soup spoon   la cuiller à soupe
specialty of the house   la spécialité de la maison
spicy   épicé
spoiled   tourné, pourri, avancé, gâté, avarié
stained   taché
sweet   sucré
table   la table
tablecloth   la nappe
taste (food)   le goût
(to)   *taste*   goûter
(to)   *taste like*   avoir le goût de
teaspoon   la cuiller
tender   tendre
tip   le pourboire
too much   trop
tough   dur
undercooked   pas assez cuit
vegetable   le légume
waiter   le serveur, le garçon
warm   chaud
(to)   *warm up (food)*   réchauffer
well-done   bien cuit
wine   le vin
wine glass   le verre à vin
wine list   la carte des vins
wine steward   le sommelier

La cuisine (Chapitre 7) *(See also list of foods on pages 40-44.)*

(to)   *add*   ajouter
(to)   *beat*   fouetter, battre
(to)   *blanch*   blanchir
(to)   *blend*   émulsionner
blender   le mixer
(to)   *boil*   faire bouillir, porter à ébullition
bowl   le bol
(to)   *break*   casser
(to)   *brown*   roussir
(to)   *butter*   beurrer
cake pan   le moule à gâteau
carving knife   le couteau tranchant
(to)   *chill*   refroidir
(to)   *coat lightly*   arroser

(to)   cook   faire cuire, faire la cuisine
       cookie tray   la plaque à biscuits
       cover   le couvercle
(to)   cover   mettre le couvercle
       covered   couvert
       cup   la tasse
(to)   dice   couper en dés
       double boiler   le bain-marie
(to)   drain   essorer, égoutter
       electric range   la cuisinière électrique
       food processor   le robot de cuisine
       freezer   le congélateur
(to)   fry   faire frire
       frying pan   la poêle, la sauteuse, la friteuse
(to)   garnish   garnir
       gas stove   la cuisinière à gaz
(to)   grate   râper
(to)   grill   faire griller
(to)   grind   écraser
       handle   la queue
(to)   heat   réchauffer
       high heat   le feu fort, le feu rapide
       ice cube tray   le moule à glaçons
       kitchen   la cuisine
       knife   le couteau
       lid   le couvercle
       low heat   le feu doux
       medium heat   le feu moyen, le feu modéré
(to)   melt   faire fondre
       microwave   le four à micro-ondes
(to)   mix   mélanger
       oven   le four
(to)   overcook   faire trop cuire
       pat (of butter)   le médaillon
(to)   peel   peler
(to)   pour   verser
       preparations   les préparatifs (f.)
(to)   prepare   préparer
       pressure cooker   l'autocuiseur (m.)
       recipe   la recette
(to)   reduce   faire réduire
       refrigerator   le réfrigérateur
(to)   rinse   rincer
(to)   roast   faire rôtir

	roasting pan la rôtissoire
	saucepan la casserole
(to)	*sauté* faire sauter
(to)	*season* saler et poivrer, épicer
(to)	*separate* séparer
	sharp affilé, aiguisé
(to)	*simmer* mitonner, mijoter
	slice la rondelle
(to)	*soak* laisser macérer
(to)	*sprinkle* parsemer
(to)	*stir* tourner
	stove la cuisinière
	stove top la surface de cuisson
	thick épais
(to)	*thicken* faire épaisser
	thin fin, mince
(to)	*turn off the stove (oven)* éteindre le feu (le four)
(to)	*turn on the stove (oven)* allumer le feu (le four)
(to)	*uncover* retirer le couvercle
(to)	*undercook* ne pas faire cuire assez
(to)	*wash* laver

Les vêtements (Chapitre 8) *(See also list of clothing and fabrics on pages 62-63.)*

alterations   les retouches *(f.)*
back   le dos
back pocket   la poche arrière
baggy   ample
beige   beige
belt   la ceinture
bordered   frangé
boutique   la boutique
brown   marron
button   le bouton
button-down   boutonné
button panel   le boutonnage
canvas   en toile
cash register   la caisse
checked   à carreaux, carré
checks (pattern)   les carreaux *(m.)*
clothing   les vêtements *(m.)*
coffee-colored   café
collar   le col
color   la couleur
counter   le comptoir

cream   crème
crease   le pli
creased   à plis
crewneck   le col ras du cou
cuff (shirt)   le poignet, la manchette;   *(pants)*   le revers
dark blue   bleu foncé
department store   le grand magasin
display window   la vitrine
double-breasted   croisé
dressing room   le vestiaire
dressy   habillé
elastic   élastique
embroidered   brodé
epaulette   l'épaulette *(f.)*
fabric   le tissu, l'étoffe *(f.)*
(to)   *fit*   aller bien;   *(cut to size)*   couper à ses mesures
fly   la braguette
fringed   frangé
front   le devant
front pocket   la poche (de) face, la poche devant, la poche poitrine
gathered   élastique
heel   le talon
hem   l'ourlet *(m.)*
high heel   le talon haut
(to)   *hurt*   faire mal
lapel   le revers
leather   en cuir
light blue   bleu clair
(to)   *line*   doubler
lined   doublé
lining   la doublure
long   long
loose   ample
low-cut   décolleté
low heel   le talon bas
man   l'homme *(m.)*, le monsieur
narrow   étroit
navy blue   (bleu) marine
neck (size)   l'encolure *(f.)*
olive   olive
(to)   *pay*   payer
pink   rose
pleated   à pinces, à plis, plissé
pocket   la poche

pocket with button   la poche boutonnée
price   le prix
print   imprimé
ready-to-wear department   le rayon confection, le rayon prêt-à-porter
removable   amovible
round   rond
rubber sole   la semelle de caoutchouc
sales clerk   le vendeur, la vendeuse
salmon (color)   saumon
sand   sable
shoelaces   les lacets *(m.)*
shoes   les chaussures *(f.)*
short   court
side pocket   la poche latérale
single-breasted   droit
size   la taille, la pointure
size larger   la taille au dessus
size smaller   la taille au dessous
slanted pocket   la poche (en) biais
sleeve   la manche
slit   la fente
snap button   le bouton à pression
sporty   décontracté, sportif, de sport
steel grey   gris acier
striped   à rayures, rayé
tailor   le tailleur
(to)   *tailor-make*   faire faire
tight   étroit, serré
tight-fitting skirt   la jupe tube
to size   à ses mesures, sur mesures
(to)   *try on*   essayer
turtleneck   a col roulé
unisex   unisexe
waist   la taille, la ceinture
wide   large
woman   la dame, la femme
zipper   la fermeture éclair

La teinturerie et la blanchisserie (Chapitre 9)
(to)   *darn (socks)*   raccommoder, repriser
dirty   sale
dirty laundry   la lessive, le linge sale
(to)   *dry*   sécher
(to)   *dry clean*   nettoyer à sec

     dry cleaner's   la teinturerie, le pressing
     dry cleaning   le nettoyage à sec
(to) *have pressed*   faire repasser
(to) *have washed*   faire laver
     hole   le trou
     laundry (shop)   la blanchisserie, la laverie;   *(clothes)*   le linge
(to) *mend*   recoudre, raccommoder, réparer, repriser
     missing (to be)   manquer
(to) *press*   repasser
(to) *shrink*   rétrécir
     soap powder   la lessive (en poudre)
     spot   la tache
     stain   la tache
     starch   l'amidon *(m.)*
(to) *starch*   amidonner
     tear (rip)   la déchirure
     torn   déchiré
(to) *wash*   laver
     washing machine   la machine à laver
(to) *weave*   tisser
     wool   la laine
     wrinkled   chiffonné, froissé

L'hôpital (Chapitre 10)

     accident   l'accident *(m.)*
     admissions office   le bureau d'admission
     AIDS   le SIDA
     alcoholism   l'alcoolisme *(m.)*
     allergic   allergique
     allergy   l'allergie *(f.)*
     ambulance   l'ambulance *(f.)*
     anesthesiologist   l'anesthésiste *(m.)*
     anesthetized   endormi, anesthésié
     antibiotic   l'antibiotique *(m.)*
(to) *be dizzy*   avoir des vertiges
(to) *be nauseous*   avoir des nausées
     blood   le sang
     blood pressure   la tension artérielle
     blood sample   l'analyse de sang *(f.)*, la prise de sang
     blood type   le groupe sanguin
     bone   l'os *(m.)*
     cold   le rhume; *head cold*   le rhume de cerveau
(to) *come to*   reprendre connaissance
     cough   la toux

(to)   *cough*   tousser
(to)   *deliver (baby)*   accoucher
         delivery room   la salle d'accouchement
         doctor   le médecin, le docteur
         drug addiction   la toxiconomie
         electrocardiogram   l'électrocardiogramme *(m.)*
         emergency room   la salle des urgences
         emergency workers   les prompts-secours *(m.)*
         equipment   les installations *(f.)*, l'équipement *(m.)*
(to)   *examine*   examiner
(to)   *faint*   s'évanouir
(to)   *feed intravenously*   nourrir (alimenter) par voies intraveineuses
(to)   *feel*   sentir
         fever   la fièvre
         flu   la grippe
(to)   *fill out*   remplir
         form   le formulaire
(to)   *give an injection*   faire une piqûre
(to)   *give birth to*   accoucher de
(to)   *give oxygen*   donner de l'oxygène
         headache   le mal de tête
         heart attack   la crise cardiaque
         hospital   l'hôpital *(m.)*
         hospital personnel   le personnel hospitalier
(to)   *hospitalize*   hospitaliser
         hurt   blessé
(to)   *hurt*   faire mal
         illness   la maladie
         injection   la piqûre
         insurance company   la société (compagnie) d'assurance
         insurance policy   la police d'assurance
         insured person   l'assuré(e)
         intensive care   le service de réanimation
         lab technician   le technicien de laboratoire
         labor   le travail
         labor pains   les douleurs de travail *(f.)*
(to)   *lie down*   s'allonger
(to)   *listen with a stethoscope*   ausculter
         medical care   les soins médicaux *(m.)*
         medical expenses   les frais médicaux *(m.)*
         medicine   le médicament
         minor surgery   la petite chirurgie
         nurse   l'infirmier *(m.)*, l'infirmière *(f.)*
         obstetrician   l'obstétricien *(m.)*

office le cabinet
(to) *operate* opérer, faire une intervention chirurgicale
operating room la salle d'opération
operating table la table d'opération
outpatient facility le dispensaire
pain la douleur
painful douloureux
patient le (la) malade
physical exam l'examen médical *(m.)*
pill la pilule
pregnancy la grossesse
pregnant enceinte
(to) *prescribe* prescrire
prescription l'ordonnance *(f.)*
private hospital la clinique, la maison de santé
pulse le pouls
(to) *put to sleep* endormir
rash l'éruption *(f.)*, les boutons *(m.)*, les taches rouges *(f.)*
recovery room la salle de rétablissement
social disease le fléau social
specimen l'échantillon *(m.)*, le spécimen
stethoscope le stéthoscope
(to) *stretch out* s'allonger
stretcher le brancard
surgeon le chirurgien
surgery la chirurgie
symptom le symptôme
(to) *take blood pressure* prendre la tension artérielle
(to) *take a blood sample* prendre une prise de sang, faire une analyse de sang
(to) *take care of* soigner
temperature la température
(to) *undergo an operation* subir une opération
(to) *undress* déshabiller
venereal disease la maladie vénérienne
wheelchair le fauteuil roulant
(to) *x-ray* radiographier, faire une radiographie
x-ray technician le technicien de radiologie

Les activités culturelles (Chapitre 11)

actor l'acteur *(m.)*, l'interprète *(m.)*
actress l'actrice *(f.)*, l'interprète *(f.)*
adventure movie le film d'aventures
(to) *applaud* applaudir
audience le public, les spectateurs *(m.)*

available   disponible
backstage   derrière la scène, dans les coulisses
balcony   le balcon
(to)   *be a box office sellout*   jouer à bureaux fermés
beginning   le début
box   la loge, la baignoire
box office   le guichet, le bureau de location
cameraman   le caméraman
cartoon   le dessin animé
cast   la distribution
cloakroom   le vestiaire
cloakroom attendant   la préposée au vestiaire
(to)   *come onstage*   entrer en scène
comedy   la comédie
continuous (performance)   permanent
costume   le costume
credits   le générique
curtain   le rideau
curtain call   le lever du rideau, le rappel
day theaters are closed   le jour de relâche
detective movie   le film policier
(to)   *direct*   mettre en scène, diriger
documentary   le documentaire
(to)   *dub*   doubler
dubbing   le doublage
end   la fin
exhibition   l'exposition *(f.)*
failure (flop)   le four
feature film   le grand film, le long-métrage
film   le film
film editor   le monteur
first-run film   le film en exclusivité
foreign   étranger
full   complet
horror movie   le film d'épouvante (d'horreur)
intermission   l'entracte *(m.)*
lighting   l'éclairage *(m.)*
(to)   *make (a film)*   tourner, réaliser
mezzanine   le premier balcon, la corbeille
movie theater   le cinéma
museum   le musée
nightclub   la boîte de nuit, la salle de spectacles
orchestra seat   le fauteuil d'orchestre
original version   la version originale

performance   la représentation
picture   l'image *(f.)*
play   la pièce
porno film   le film porno (pour adultes, érotique)
producer   le producteur
program   le programme
(to)   *put on (a performance)*   monter
reel   la bande
(to)   *reserve*   louer, réserver
revival   la reprise
romance film   le film d'amour
row   le rang
scene   la scène
scenery   le décor
science-fiction movie   le film de science-fiction
screen   l'écran *(m.)*
screenwriter   le scénariste
script   le script, le dialogue
script writer   le dialoguiste
seat   la place, le fauteuil, le siège
session   la séance
(to)   *shoot (a film)*   tourner, réaliser
short film   le court-métrage
show   le spectacle
(to)   *show*   passer, présenter
sound technician   le preneur de son
spy movie   le film d'espionnage
stage   la scène
stagehand   le machiniste
stage manager   le régisseur
staging   la mise en scène
staging director   le réalisateur
star   la vedette
subtitles   les sous-titres *(m.)*
success   le succès
technical crew   l'équipe technique *(f.)*
theater   le théâtre
theater buff   l'amateur de théâtre *(m. or f.)*
ticket   le billet, l'entrée *(f.)*
ticket seller   le guichetier, la guichetière
ticket window   le guichet
tragedy   la tragédie
upper balcony   la galerie, le paradis, le poulailler
usher   l'ouvreuse *(f.)*

Le logement (Chapitre 12)

      accordion-type door   la porte accordéon
      air conditioning   la climatisation
      apartment   l'appartement *(m.)*
      apartment building   l'immeuble *(m.)*
      attic   le grenier
      balcony   le balcon
      basement   le sous-sol, la cave
      bathroom   la salle de bains
      bedroom   la chambre à coucher
      brick   en brique
      chain   la chaîne
      chain lock   l'entrebailleur *(m.)*
      city   la ville
      closet   la garde-robe, l'armoire *(f.)*, le rangement, le placard
      concrete (block)   le béton
      courtyard   la cour
      dining room   la salle à manger
      door   la porte, l'entrée *(f.)*
      elevator   l'ascenseur *(m.)*
      empty   vide
      equipped   équipé; *(fitted)*   aménagé
      expense   la dépense
      fees   les charges *(f.)*
      floor   l'étage *(m.)*
      folding door   la porte pliante
      front door   l'entrée (la porte) principale *(f.)*
      garage   le garage
      garden   le jardin
(to)   *go down*   descendre
(to)   *go up*   monter
      ground floor   le rez-de-chaussée
      hall   le vestibule, le couloir, le dégagement
      heat   le chauffage
      high-rise building   la tour
      higher   supérieur
      house   la maison
      kitchen   la cuisine
      lease   le bail
      light   la lumière
(to)   *light*   allumer
(to)   *live*   habiter
      living room   le salon, la salle de séjour

lock   la serrure
luxury apartment   l'appartement de grand standing *(m.)*
maintenance   l'entretien *(m.)*
monthly   mensuellement
monthly payment   l'échéance mensuelle *(f.)*
mortgage   l'hypothèque *(f.)*
owner   le (la) propriétaire
peephole (door)   le judas
price   le prix
private house   la maison individuelle (privée, particulière), l'hôtel
quarterly   trimestriellement
real estate advertisement   l'annonce immobilière *(f.)*
refrigerator   le réfrigérateur
rent   le loyer
(to)   *rent*   louer, prendre en location
renter   le locataire
room   la pièce
running water   l'eau courante *(f.)*
second floor   le premier étage
security deposit   la caution
side door   l'entrée latérale *(f.)*
sliding door   la porte coulissante
staircase   l'escalier *(m.)*
stone   en pierre
stove   la cuisinière
suburb   la banlieue
superintendent (of a building)   le syndic
terrace   la terrasse
total   le montant
view   la vue
wall   le mur
window   la fenêtre
wood   en bois

Le travail (Chapitre 13)

architect   l'architecte *(m.)*
artisan   l'artisan *(m. or f.)*
artisan's studio   l'atelier *(m.)*
base salary   le fixe
benefits   les prestations *(f.)*, les bénéfices *(m.)*
blue-collar worker   le col bleu
bonus   la prime
boutique   la boutique

  businessperson l'homme d'affaires
  company l'entreprise *(f.)*, la société
(to) *contribute* cotiser
  contribution la cotisation
(to) *deduct* prélever
  degree le diplôme; *master's, graduate* la licence
  diploma le diplôme
  director le directeur
  disability insurance l'assurance invalidité *(f.)*
  doctor le médecin, le docteur
  employee l'employé(e)
  employer l'employeur *(m.)*
  employment l'emploi *(m.)*
  engineer l'ingénieur *(m.)*
  factory l'usine *(f.)*
  farm la ferme
  farmer l'agriculteur *(m.)*, le fermier
  field le champ
  full-time job le travail à temps plein
  government employee le fonctionnaire
  handicap le handicap
  health insurance l'assurance santé *(f.)*
  holder le titulaire
  hospital l'hôpital *(m.)*, l'établissement de soins polyvalents *(m.)*
  independent indépendant
  industrial industriel
  industry l'industrie *(f.)*
  insurance l'assurance *(f.)*
  insurance plan le régime d'assurance
  interview l'interview *(f.)*
  job le travail, le poste, l'emploi *(m.)*
  job application la demande d'emploi
  laid off licencié
  lawyer l'avocat *(m.)*
  life insurance l'assurance (sur la) vie *(f.)*
  management la gestion, la direction, l'administration
  manager le directeur, le dirigeant, le gestionnaire, l'administrateur
  merchant le commerçant
  nurse l'infirmier *(m.)*, l'infirmière *(f.)*
  office le bureau
  owner le propriétaire
  part-time job le travail à temps partiel
  pension la retraite

        product   le produit
        professionals   les professions libérales
(to)   *recruit*   recruter, rechercher
        references   les références *(f.)*
        reimbursement   le remboursement
        retired people   les retraités
        retirement insurance   l'assurance vieillesse *(f.)*
        retirement plan   le régime de retraite
        salary   le salaire, la paye
        school   l'école *(f.)*
        secretary   le secrétaire
        social security   la sécurité sociale
        store   le magasin
        student   l'étudiant(e)
        teacher   le professeur
        temporary job   le déplacement de courte durée
        town hall   la mairie
        unemployed person   le chômeur
        unemployment insurance   l'assurance chômage *(f.)*
        union   le syndicat
        upper (top) management (high-level managers)   les cadres supérieurs
        white-collar worker   le col blanc
        work   le travail
(to)   *work*   travailler
        worker   l'ouvrier *(m.)*, le travailleur
        working population   la population active

Le temps (Chapitre 14)

(to)   *anticipate*   prévoir
        autumn   l'automne *(m.)*
(to)   *be (cold, hot, etc.)*   faire
        break (in clouds), clearing   l'éclaircie *(f.)*
        clear   clair
(to)   *clear up*   s'éclaircir, devenir clair, se dissiper
        cloud   le nuage
        cloudy   nuageux, couvert
        cold   froid
        cool   frais
(to)   *develop*   se développer
        downpour   l'averse *(f.)*, l'ondée *(f.)*
        drizzle   le crachin, la bruine
        fall   l'automne *(m.)*
        fog   le brouillard, la brume

	foggy	brumeux
(to)	*freeze*	geler

       foggy   brumeux

(to)   *freeze*   geler

       gust   la rafale

       hail   la grêle

       isolated   isolé

       light   léger, faible

       lightning   l'éclair *(m.)*

       local   local

       moderate   modéré

(to)   *pour (rain)*   pleuvoir à verse

       precipitation   la précipitation

       rain   la pluie

(to)   *rain*   pleuvoir

       rainy   pluvieux

(to)   *shine*   briller

       shower   l'averse *(f.)*, l'ondée *(f.)*

       sky   le ciel

       snow   la neige

(to)   *snow*   neiger

       spring   le printemps

       storm   l'orage *(m.)*, la tempête

       strong   fort

       sudden shower   la giboulée

       summer   l'été *(m.)*

       sun   le soleil

       sunny   ensoleillé

       temperature   la température

       thunder   le tonnerre

       unstable   instable

       variable   variable

       warm   chaud

       weather forecast   la météo

       What's the weather like?   Quel temps fait-il?

       wind   le vent

       winter   l'hiver *(m.)*

Following is a listing of vocabulary presented for Communicative Topics that were completed in the first and second books in this series and do not appear in the third book.

Le bureau de poste

       address   l'adresse *(f.)*

       addressee   le destinataire

       aerogramme   l'aérogramme *(m.)*

(to)   *certify*   envoyer recommandé(e)

       city   la ville

(to)   *deliver*   distribuer, délivrer
       delivery   l'envoi *(m.)*
       envelope   l'enveloppe *(f.)*
       express letter   la lettre exprès
(to)   *fill out*   remplir
       form   la formule
(to)   *insure*   assurer
       letter   la lettre
       letter carrier   le facteur, le préposé aux postes
       mail   le courrier
       mailbox   la boîte aux lettres
       money order   le mandat
       name   le nom
       package   le paquet, le colis
       post office   le bureau de poste, la poste
       post office box   la boîte postale
       postage   l'affranchissement *(m.)*
       postal code   le code postal
       postcard   la carte postale
(to)   *put stamps on*   affranchir
       return address   l'adresse de l'expéditeur *(f.)*
       scale   la balance
(to)   *send*   envoyer
       sender   l'expéditeur *(m.)*
       special delivery   l'envoi spécial *(m.)*
       stamp   le timbre
       stamp machine   le distributeur automatique
       state   l'état *(m.)*
       value   la valeur
(to)   *weigh*   peser
       window   le guichet
(to)   *write letters*   faire sa correspondance
       zip code   le code postal

Le train

       All aboard!   En voiture!
       aisle   le couloir
       arrival   l'arrivée *(f.)*
       bed, berth   le lit
(to)   *board*   monter
       bottom berth   le lit du bas
       buffet car   le gril-express
       car   la voiture, le wagon
(to)   *change trains*   prendre la correspondance, changer de

(to) *check* vérifier; *(leave temporarily)* déposer; *(check through)* faire enregistrer
        checkroom la consigne
(to) *claim* retirer
        coin locker la consigne automatique
(to) *collect* vérifier, ramasser
        compartment le compartiment
        conductor le contrôleur
        couchette la voiture-couchette, la couchette
        delay le retard
        departure le départ
        dining car le wagon-restaurant
        engineer le conducteur
        first class première classe
        in advance à l'avance
        late en retard
(to) *leave* partir, laisser, déposer
        locomotive la locomotive
        luggage les bagages *(m.)*
        luggage stub le bulletin (de bagages, de consigne)
        newsstand le kiosque
        on time à l'heure
        one-way aller simple
        platform le quai
        porter le porteur
        price le prix
        reclining seat le siège réglable
(to) *reserve* louer, réserver
        room la chambre
        round-trip aller-retour
        schedule l'horaire *(m.)*
        seat la place, le siège
        second class deuxième classe, seconde
        sleeping car le wagon-lit
        snack bar le buffet
        suitcase la valise
        ticket le billet
        ticket window le guichet
        timetable l'horaire *(m.)*
        top berth le lit du haut
        track la voie
        train le train
        train station la gare
(to) *travel* voyager
        travel agency l'agence de voyages *(f.)*

       tray (folding) table   la table repliable
(to)   *turn in*   remettre
(to)   *wait for*   attendre
       waiting room   la salle d'attente

L'agence de location

       agent   l'agent
       brake   le frein
       brake pedal   le pédale de frein
(to)   *break down (car)*   être (tomber) en panne
       by the day (month, week)   à la journée (au mois, à la semaine [par semaine])
       car   la voiture
       car rental agency   l'agence de location *(f.)*
(to)   *change gears*   passer les vitesses, changer les vitesses (de vitesse)
       contract   le contrat
       credit card   la carte de crédit
(to)   *cruise*   rouler
       dashboard   le tableau de bord
       deposit   la caution
       directional signal   le clignotant
(to)   *disengage the clutch*   débrayer
       door   la porte
       driver's license   le permis de conduire
       empty   vide
(to)   *engage the clutch*   embrayer
       flat tire   le pneu à plat (crevé), la crevaison
       forward   en avant
       full   plein
       gas   l'essence *(f.)*
       gas tank   le réservoir
       gear   la vitesse
       gear shift   le levier des vitesses
(to)   *get on the road*   prendre la route
       glove compartment   la boîte à gants
       hand brake   le frein à main
       headlights   les phares *(m.)*, les feux *(m.)*
       heat   le chauffage
       high beams   les feux de route *(m.)*
       horn   le klaxon, l'avertisseur *(m.)*
       included   compris
       insurance   l'assurance *(f.)*
       jack handle   la manivelle
       key   la clé
       kilometer   le kilomètre

lever   la manette
lights   les phares *(m.)*, les feux *(m.)*
low beams   les feux de croisement *(m.)*
lug wrench   la clé en croix
manual gear shift   le changement de vitesse manuel (classique)
map (road)   la carte routière;   *(city)* le plan de la ville
mileage   le kilométrage
model   le modèle
neutral (gear)   au point mort
on the road   sur la route
price   le tarif, le prix
(to)   *rent*   louer
rental   la location
reverse (gear)   en marche arrière
seat adjustment knob   la commande du dossier
spare tire   la roue de secours
speed   la vitesse
tire   le pneu
trunk   le coffre
unlimited   illimité
windshield wiper   l'essuic-glace *(m.)*

L'hôtel

air conditioning   la climatisation
all-inclusive price   le prix forfaitaire
American plan (three meals)   la pension complète
(to)   *arrive*   arriver
bathroom   la salle de bains
bathtub   la baignoire
bed   le lit
bidet   le bidet
bill   la note
blanket   la couverture
boardinghouse   la pension
breakfast   le petit déjeuner
burned out (light)   grillée
cashier   le caissier
cashier's office   la caisse
chambermaid   la femme de chambre
charges   les frais *(m.)*
checkout time   l'heure du départ *(f.)*
confirmation   la confirmation
credit card   la carte de crédit
deposit   l'acompte *(m.)*, les arrhes *(f.)*

        desk clerk   le (la) réceptionniste
        dinner   le dîner
        double bed   le grand lit
        double room   la chambre à deux lits, la chambre pour deux personnes
        dry-cleaning service   le service de nettoyage
        extra bed   le lit supplémentaire
(to)   *face*   donner sur
        faucet   le robinet
(to)   *fill out*   remplir
        floor   l'étage *(m.)*
        full   complet
        full board   la pension complète
        half-board   la demi-pension
        hanger   le cintre
        heat   le chauffage
        hotel   l'hôtel *(m.)*
        included   compris
        key   la clé
        laundry service   le service de blanchisserie
        lavatory chain (flush)   la chasse d'eau
(to)   *leave*   partir
        light bulb   l'ampoule *(f.)*
        lunch   le déjeuner
        meal   le repas
        modified American plan (breakfast and lunch or dinner)   la demi-pension
        operator   le (la) standardiste
        pillow   l'oreiller *(m.)*
        price   le prix
        registration card   la fiche
        registration desk   la réception
        reservation   la réservation
(to)   *reserve*   retenir, réserver
        room   la chambre
        service   le service
        shower   la douche
        single room   la chambre à un lit, la chambre pour une personne
        sink   le lavabo
        soap (bar of)   la savonette
        socket (electrical)   la prise
        stopped up   bouché
        suitcase   la valise
        tax   la taxe
(to)   *telephone*   téléphoner
        toilet   la toilette

toilet paper   le papier hygiénique
tourist office   le syndicat d'initiative
towel   la serviette
twin beds   les lits jumeaux *(m.)*
(to)   *work*   fonctionner

Chez le coiffeur pour hommes

back   derrière
beard   la barbe
clippers   la tondeuse
(to)   *cut*   couper
hair   les cheveux *(m.)*
haircut   la coupe de cheveux
hairdresser   le coiffeur
long   long
mustache   la moustache
neck   le cou
on the left   à gauche
on the right   à droite
part (hair)   la raie
razor   le rasoir
scissors   les ciseaux *(m.)*
shampoo   le shampooing
short   court
side   le côté
sideburns   les pattes *(f.)*
top   le haut
(to)   *trim*   tailler, rafraîchir

Chez le coiffeur pour femmes

blow-dry   le brushing
coloring   la couleur
combing-out   le coup de peigne
curly   frisé
(to)   *cut*   couper, faire une coupe
dye job   la couleur
hair   les cheveux *(m.)*
haircut   la coupe
hairdresser   le coiffeur
hairspray   la laque
large rollers   les gros rouleaux *(m.)*
manicure   le manucure
nails   les ongles *(m.)*
nail polish   le vernis à ongles

permanent   la permanente
set   la mise en plis
rinse   le rinçage
rollers   les rouleaux *(m.)*
scissors   les ciseaux *(m.)*
small rollers   les petits rouleaux *(m.)*
straight   raide

Un accident

accident   l'accident *(m.)*
bandage   le pansement
Band-Aid   la bande
blood   le sang
bone   l'os *(m.)*
(to)   *break*   casser
cast   le plâtre
compound fracture   la fracture compliquée
crutches   les béquilles *(f.)*
(to)   *cut*   couper
dressing   le pansement
(to)   *fall*   faire une chute
(to)   *hurt*   blesser
(to)   *remove*   s'enlever
scar   la cicatrice
(to)   *set the bone*   réparer l'os, réduire la fracture
sprain   la foulure
(to)   *sprain*   fouler
stitches   les points de suture *(m.)*
(to)   *twist*   tordre
wound   la blessure

La pharmacie

adhesive tape   le ruban de tissu adhésif
alcohol   l'alcool *(m.)*
antibiotic   l'antibiotique *(m.)*
athletic support band   la bande de tissu élastique
bandage   le pansement
bottle   le flacon
box   la boîte
capsule   la capsule
cough syrup   le sirop pour la toux
dose   le cachet
first-aid kit   la trousse de secours
iodine   la teinture d'iode

medicine   les médicaments
mouthwash   le rince-bouche
package   le paquet
pharmacist   le pharmacien
pharmacy   la pharmacie
pill   la pastille, la pilule, le comprimé, la tablette
powdered medicine (packaged as a dose)   le cachet
prescription   l'ordonnance (f.)
shampoo   le shampooing
tissues   les kleenex (m.)
toothbrush   la brosse à dents
toothpaste   le tube de dentifrice
tube   le tube

Le sport

back (left, center, right)   l'arrière (gauche, central, droit) (m.)
backstroke   la nage sur le dos
ball   la balle, le ballon
breaststroke   la brasse sur le ventre
butterfly stroke   la brasse papillon
chair lift   le télésiège
cross-country skiing   le ski de fond (de randonnée)
(to)   *dive*   plonger
diver   le plongeur
diving   le plongeon
diving board   le plongeoir
doubles   la partie en double
downhill skiing   le ski alpin
feet-first entry (dive)   l'entrée pieds premiers (f.)
floating (on one's back)   la planche
freestyle   le crawl
game   la partie, le match
goal   le but, la porte
goalie   le gardien de but
golf   le golf
golf club   la crosse
golf course   le terrain de golf
golfer   le golfeur
grandstand   les tribunes (m.), les gradins (m.)
halfback   le demi
head-first entry (dive)   l'entrée tête première (f.)
hole   le trou
ice skate   le patin à glace
ice skating   le patinage

ice-skating rink   la patinoire
(to)   *kick*   donner un coup de pied
lifeguard   le maître-nageur
lift (ski)   le remonte-pente
(to)   *lose*   perdre
net (tennis)   le filet
net ball   la balle de filet
opponent   l'adversaire *(m.* or *f.)*
out of bounds   hors des limites
(to)   *pass*   faire une passe
path   le parcours
penalty   le penalty
(to)   *play*   jouer
player   le joueur
pomelift   le téléski à perches
pomelift seat   la rondelle
pool   la piscine
racket   la raquette
(to)   *return*   renvoyer
roller skate   le patin à roulettes
score   le score
(to)   *score*   marquer
scoreless game   le jeu blanc
scuba diving   la plongée sous-marine
sea   la mer
(to)   *serve*   servir
shorts   le short
sidestroke   la nage sur le côté
singles   la partie en simple
skate   le patin
ski boot   la chaussure de ski
ski instructor   le moniteur
ski pole   le bâton
ski resort   la station de ski
ski slope   la piste
skier   le skieur
skiing   le ski
skirt (tennis)   la jupette
slalom hill   la piste de slalom
soccer   le football
stadium   le stade
sweat band (head)   le serre-tête;   *(wrist)*   le serre-poignet
(to)   *swim*   nager
swimming   la natation

T-bar   la barre
team   l'équipe *(f.)*
tennis   le tennis
tennis court   le court (le terrain) de tennis
tennis shoes   les chaussures de tennis *(f.)*
(to)   *tie a game*   égaliser
tram   le téléphérique
turn   le virage
waterskiing   le ski nautique
(to)   *whistle*   siffler
(to)   *win*   gagner
windsurfing   la planche à voile
wing (left, right) (soccer)   l'ailier (gauche, droit) *(m.)*

L'enseignement

algebra   l'algèbre *(f.)*
art   l'art *(m.)*, les arts *(f.)*
biology   la biologie
boarder   le (la) pensionnaire, l'interne *(m.* or *f.)*
cafeteria   la cantine, le réfectoire
calculus   le calcul
chemistry   la chimie
class   la classe
commuter   le (la) demi-pensionnaire, l'externe *(m.* or *f.)*
computer science   l'informatique *(f.)*
course   le cours, la matière
degree   le diplôme;   *master's, graduate*   la licence
department   la faculté
diploma   le diplôme
(to)   *do well*   réussir
doctorate   le doctorat
domestic sciences   les sciences domestiques *(f.)*
dormitory   le dortoir
elective   facultatif
elementary school   l'école primaire *(f.)*
faculty   les enseignants *(m.)*
(to)   *fail*   échouer
foreign languages   les langues étrangères *(f.)*
geography   la géographie
geometry   la géométrie
grade   la note
(to)   *graduate*   être diplômé
gymnastics   la gymnastique

high school   le lycée
history   l'histoire *(f.)*
(to)   *learn*   apprendre
locker   le casier
major   la spécialisation
(to)   *major in*   se spécialiser
math   les maths *(f.)*
middle school   le collège
music   la musique
natural sciences   les sciences naturelles *(f.)*
nursery school   l'école maternelle *(f.),* le jardin d'enfants
opening day of school   la rentrée des classes
(to)   *pass*   réussir
primary school   l'école primaire *(f.)*
professor   le professeur
public school   l'école laïque
registrar   l'intendant *(m.)*
(to)   *register*   s'inscrire, s'immatriculer
required   obligatoire
schedule   l'emploi du temps *(m.)*
scholarship   la bourse
scholarship recipient   le boursier, la boursière
school   l'école *(f.)*
secondary school   l'école secondaire *(f.),* le lycée
semester   le semestre
social sciences (studies)   les sciences sociales *(f.)*
sociology   la sociologie
student   l'élève *(m.* or *f.),* l'étudiant(e)
subject   la matière
(to)   *take a course*   suivre
(to)   *take a test*   passer un examen
(to)   *teach*   enseigner
teacher   l'instituteur *(m.),* l'institutrice *(f.),* le maître, la maîtresse, le professeur
thesis   la thèse
trigonometry   la trigonométrie
tuition   les frais d'inscription *(m.)*
university   l'université *(f.)*

Index

In the following Index, the numbers in bold indicate the page numbers in the Appendix of the vocabulary list for each Communicative Topic in the book.